Wodka

Wodka

Das Handbuch für Genießer

Desmond Begg

EVERGREEN

Gewidmet Diana Isabel, einer wunderbaren Mutter und Freundin

EVERGREEN is an imprint of Benedikt Taschen Verlag GmbH

© für diese Ausgabe: 2000 Benedikt Taschen Verlag GmbH
Hohenzollernring 53, D-50672 Köln
Die Originalausgabe erschien 1998 unter dem Titel
Wodka. Der Guide für Kenner und Genießer

The Vodka Companion. A Connoisseur's Guide
© 1998 Quintet Publishing Limited, 6 Blundell Street, London N7
9BH

Übersetzung aus dem Englischen: Ulrike Pichler
Umschlaggestaltung: Angelika Taschen, Köln

Printed in China
ISBN 3-8228-6010-7

Inhalt

Einleitung

Als man mir von Verlegerseite antrug, ein Buch über Wodka zu schreiben, war ich zunächst ziemlich skeptisch: Als Wodkakenner war mir zwar klar, daß die in den westlichen Ländern vorherrschende Meinung, »Wodka ist gleich Wodka«, nicht zutrifft – doch welchen Sinn sollte ein Buch haben, das sich ausführlich mit den Geschmacksnuancen einer Spirituose befaßt, die vorrangig für Mixgetränke Verwendung findet?

Inzwischen habe ich sozusagen unter Laborbedingungen über hundert verschiedene Marken verkostet und bin sehr froh, zugestimmt zu haben. Wodka ist der meistgetrunkene Branntwein der Welt, und es existiert eine fast unübersehbare Zahl von Marken, über tausend allein in Polen. Selbstverständlich habe ich nicht alle probieren können, aber die erheblichen Qualitätsunterschiede und der geschmackliche Facettenreichtum waren erstaunlich. Einige Sorten waren absolut phantastisch, viele sehr gut, andere weniger. Mein Hauptanliegen als Autor dieses Buches besteht denn auch darin, den Leser für einen differenzierteren Umgang mit dem Getränk zu sensibilisieren. Bei vielen Wodkas wäre es schade, sie nur als alkoholische Basis für Cocktails zu gebrauchen, und einige eignen sich gar nicht zum Mixen. In den osteuropäischen und skandinavischen Ländern zollt man dem »Wässerchen« (so die eigentliche Bedeutung dieses Wortes im Russischen) liebevollen Respekt, indem man es pur und eisgekühlt zu sich nimmt, und auch einige westliche Marken lassen sich so gut trinken. Man läßt den Wodka nicht reifen, deshalb ist er weniger vielschichtig im Aroma als zum Beispiel Whisky oder Cognac, die ihre spezifischen Qualitäten erst nach längerer Lagerung gewinnen. Ein sehr gutes geistiges Getränk kann Wodka aber allemal sein – und sollte entsprechende Wertschätzung erfahren.

Geschmacksurteile (nicht nur) über Spirituosen sind oft schwierig zu fällen und notgedrungen subjektiv. Ich kann also kaum erwarten, daß der Leser einzelne Marken ebenso bewertet wie ich. Es liegt bei Ihnen, sich ein eigenes Bild zu machen: Allmählich werden Sie die Unterschiede herausschmecken – und feststellen, daß Wodka eben nicht gleich Wodka ist.

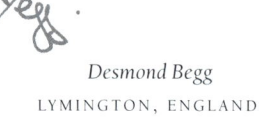

Desmond Begg
LYMINGTON, ENGLAND

ERSTER TEIL

ALLES
ÜBER DEN WODKA

Wodka heute

Wodka ist heute der beliebteste Branntwein der Welt. Die Übersicht auf der nächsten Seite vermittelt Ihnen eine vage Vorstellung dieser Popularität: Die 16 Marktführer setzen jährlich rund 171 Millionen Kisten um. Das ist allerdings nur die Spitze eines Eisberges: So existieren allein in Polen mehr als tausend kleinere Marken, die für den internationalen Markt bedeutungslos sind. Wieviel also tatsächlich weltweit produziert und konsumiert wird, läßt sich mit Sicherheit gar nicht sagen.

Der Löwenanteil entfällt ohne Frage auf die osteuropäischen und skandinavischen Länder, wo der Wodka bereits seit Jahrhunderten heimisch ist, aber auch Westeuropa und Nordamerika verzeichnen neuerdings einen recht hohen Verbrauch. In ihrer Einstellung zu diesem Getränk unterscheiden sich Ost und West indes erheblich.

Im Westen kam es zunächst in den USA in Mode, wobei der Marke Smirnoff eine Pionierrolle zukam. Wie die Geheimrezeptur dieses altehrwürdigen russischen Wodkas schließlich in die Hände der kleinen amerikanischen Firma Heublein gelangte, verrate ich Ihnen an anderer Stelle. Halten wir hier nur fest, daß John G. Martin, der Eigentümer von Heublein, dem Wodka zu seinem heutigen Image verhalf.

Er hatte die geniale Idee, Wodka als Basis für Mischgetränke zu vermarkten: Der Akzent lag auf Reinheit, Vielseitigkeit und sogar Eleganz, und dies stand in deutlichem Gegensatz zum maskulinen Image von

Wodka ist heute einer der beliebtesten Branntweine der Welt,
der sowohl pur genossen als auch für Mixgetränke verwendet wird.

DIE WELTGRÖSSTEN WODKAMARKEN

	GESCHÄTZTER UMSATZ (IN MILLIONEN KISTEN, MIT JE 12 FLASCHEN À 0,75 L)
Stolichnaya	60,0
Moskovskaya	35,0
Ruskaya	20,0
Wyborowa	18,1
Smirnoff	15,2
Absolut	5,8
Popov	3,2
Koskenkorva	2,0
Gordon's	2,0
Finlandia	1,7
McCormick	1,7
Magic Crystal	1,5
Kamchatka	1,2
Barton	1,2
Gorbatschow	1,2
Wolfschmidt	1,1

Scotch, Bourbon oder Gin. Es spielte gar keine Rolle, daß der Wodka, den Smirnoff zuvor in Moskau hergestellt hatte, von ganz anderer Art war: Er besaß »Charakter«, wie man in Osteuropa sagt, und wurde meist zu den Mahlzeiten getrunken – pur und sehr kalt. Martins Konzept eines eleganten, neutralen Branntweines, der Orangensaft oder Ginger Ale eine besondere Note verlieh oder mit Wermut gemischt werden konnte, wurde ein Riesenerfolg.

Martin war zudem ein genialer Werbestratege: In den fünfziger Jahren startete er eine Kampagne, die den Wodka mit einem schillernden Jet-Set-Image versah. Die wohl bekannteste Reklame zeigte ein Glas Wodka-Martini vor der Cheops-Pyramide in Ägypten. Später ließ er Prominente, wie den Schauspieler Walter Slezak, für das Produkt werben, und diesem Stil blieb die Marke treu. Heute erscheint die Smirnoff-Flasche vor den Steinfiguren der Osterinsel oder der Freiheitsstatue in New York, und die Botschaft ist höchst einfach: Smirnoff-Wodka ist international und modern.

Andere westliche Produzenten haben sich diesem Trend angeschlossen: So beruht der Erfolg des heutigen In-Labels Absolut keineswegs nur auf der guten Qualität, sondern zumindest in selbem Maß auf der ausgefallenen Werbung und dem eleganten Design. Dasselbe gilt für Finlandia, den »Vodka from the top of the world«, und andere Marktführer. Wodka aus westlichen Ländern bietet zwar häufig nur mindere Qualität und verkauft sich in erster Linie über den Preis, wird aber dennoch mit Eleganz und Mode assoziiert.

Das offenbart eine recht oberflächliche Beziehung westlicher

Berühmte Smirnoff-Werbung aus den fünfziger Jahren.

Konsumenten zum Wodka, doch allmählich zeichnet sich ein Gesinnungswandel ab. Möglicherweise trägt die Vielzahl aromatisierter Wodkas, die inzwischen auf dem Markt sind, dazu bei, daß sich das Interesse dem Getränk selbst zuwendet und der Kaufanreiz weniger vom Design der Flasche ausgeht. Zudem treten die Unterschiede der einzelnen Wodkaarten vermehrt ins Blickfeld: In gut sortierten Cocktail-Bars, sei es in Berlin, London oder New York, trifft man heute eine wesentlich breitere Sortenpalette an als je zuvor, und durchaus nicht nur westliche Marken. Die Nachfrage nach russischen und polnischen Erzeugnissen wächst, je mehr man sich der geschmacklichen Vielfalt bewußt wird und das Getränk pur und eisgekühlt genießt, so daß Charakter und Qualität voll zur Geltung kommen. Während man ihn früher zur reinen Basis für Cocktails degradierte, entstehen nun sogar spezielle Wodka-Bars! Zu John Martins Zeit, als man der Auffassung war, Wodka solle möglichst neutral sein, wäre dies undenkbar gewesen.

In Osteuropa ist der Wodkakonsum eher rückläufig, und in Polen und Rußland gilt er sogar als altmodisches Traditionsgetränk, das man obendrein mit den Zuständen unter dem kommunistischen Regime assoziiert, als Wodka zu den wenigen verfügbaren Luxusartikeln zählte. In diesen Ländern erleidet er heute einen ähnlichen Image-Verlust wie Bourbon und Scotch in der westlichen Welt: Er wird als typisches Konsumgut der Altvorderen angesehen und gerät schlichtweg außer Mode.

Gleichwohl wird in Osteuropa nach wie vor sehr viel Wodka getrunken, allerdings bevorzugen diejenigen, die es sich leisten können, westliche Marken, die reiner und weniger hochprozentig sind als einheimische Erzeugnisse. Zugleich ist der Umsatz anderer Spirituosen, wie Scotch, Bourbon und Cognac, gestiegen. Als einer meiner Freunde kürzlich in Warschau einen Wyborowa bestellte, wurde er gefragt, warum er ausgerechnet solch altmodisches Zeug trinken wolle – es seien doch auch gute westliche Marken wie Smirnoff zu haben.

Hier spielt sich ein bemerkenswerter Rollentausch ab, indes ein sehr positiver, der demonstriert, daß guter Wodka überall sein Publikum findet, unabhängig von seinem Herkunftsland. Ich kann nur hoffen, daß die Öffnung des Westens für polnische und russische Ware und die Verbreitung reiner, frischer und leichter westlicher Marken im Osten diesem allseits beliebten Branntwein zu noch größerer Wertschätzung verhelfen.

Rohstoffe

Klarer, nicht aromatisierter Wodka wird aus Getreide oder anderen Feldfrüchten wie Kartoffeln gebrannt und mit Wasser verdünnt. Anschließend wird er gereinigt, und zwar weit gründlicher als etwa Scotch oder Weinbrand. Dennoch prägt auch der Rohstoff maßgeblich den Charakter: So unterscheidet sich ein Wodka aus Roggen, und sei er noch so rein, erheblich von solchem aus Melasse. Daher zunächst einiges Wissenswerte über die Rohstoffe – zumindest Grundkenntnisse sind unentbehrlich, will man einen Wodka richtig einschätzen.

GETREIDE

Das traditionelle Getreide zur Wodkaherstellung ist vor allem in Osteuropa der Roggen. In Rußland wurde er bis 1870 fast ausschließlich verwendet. Seither traten andere Getreide und auch Kartoffeln hinzu, aber Roggen ist nach wie vor die gängige Basis russischer Wodkas, zuweilen vermischt mit einem geringfügigen Anteil von Weizen, Hafer oder Gerste. Auch in Polen verleiht er dem Wodka noch heute seine charakteristische Note: lieblich, weich, leicht süßlich und mild in Aroma und Geschmack.

In anderen Ländern verwendet man vorrangig Weizen, da er preiswerter ist und in größerer Menge verfügbar. Hochwertiger Weizen, vor allem

Getreide ist das Ausgangsmaterial zahlreicher Wodkas.
Traditionell wird Roggen verwendet.

in Nordamerika in großen Mengen produziert, hat den Vorteil, daß er sich leicht aufspalten läßt, was die Umwandlung der Stärke in gärfähigen Zucker unterstützt. Dieser Umstand wiederum begünstigt einen hohen Grad an Reinheit und Neutralität als Ergebnis der Rektifikation. Es ist unter Wodkabrennern im übrigen höchst umstritten, ob man das Getreide mit ganzen Körnern und Schalen verarbeiten oder diese vor dem Gärungsprozeß entfernen sollte. Manche sind der Ansicht, daß Körner und Schalen den Brand bereichern, andere sehen allein den Stärkegehalt und die Umwandlung der Stärke in Zucker als ausschlaggebend an.

KARTOFFELN

In Rußland gilt diese Knollenfrucht seit jeher als minderwertige Basis für die Wodkaherstellung, während sie in anderen Teilen Osteuropas, wie der Ukraine, jahrhundertelang hierbei Verwendung fand.

Als Grundstoff weist die Kartoffel in der Tat einige Nachteile auf. Erstens werden große Mengen benötigt: Aus einer Tonne gewinnt man 30 Prozent weniger Wodka als aus derselben Menge Getreide. Außerdem sind sie chemisch nur schwer aufspaltbar, und während des Gärungsprozesses bilden sich Stoffe, die sich bei der Rektifikation kaum wieder entfernen lassen. Wodka aus Kartoffeln ist deshalb oft schwerer und markanter im Geschmack als Wodka aus Getreide, bisweilen fast penetrant. Inzwischen wurden allerdings bessere Destillationsverfahren entwickelt und neue Kartoffelsorten gezüchtet, die sich besser für die Branntweinherstellung eignen, sofern sie auf dem richtigen Boden und im passenden Klima gezogen werden. Einige der modernen Kartoffelwodkas können sehr gut schmekken, vorausgesetzt, man mag einen eher schweren Wodkatyp.

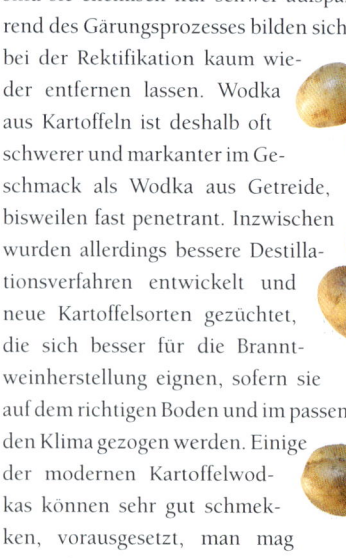

Jahrhundertelang wurden in Osteuropa Kartoffeln zu Wodka gebrannt.

MELASSE

Dieser aus Zuckerrüben oder Zuckerrohr gewonnene Sirup wird in den westlichen Ländern häufig für Branntwein verwendet, allerdings weniger als früher: Einst als preiswerte – wenn auch qualitativ schlechtere – Alternative zum Kornbrand geschätzt, geriet er angesichts der Überschwemmung des Weltmarktes mit Getreide und der steigenden Popularität hochwertiger Brände ins Abseits. Nach meiner Erfahrung haben Wodkas aus Melasse ein unverfälschtes und reines Aroma, sind am Gaumen aber etwas süßer als Getreidewodkas.

Wasser

»Wasser haucht dem Wodka Leben ein«, lautet ein altes polnisches Sprichwort, und natürlich ist es eine der Hauptzutaten: Der Inhalt vieler Wodkaflaschen besteht zu rund 60 Prozent daraus. Die Tage, in denen der Wodka mit Wasser aus einem Teich oder Fluß bis zur gewünschten Stärke verdünnt wurde, sind indes längst vorbei. Heute wird in den Brennereien meist hauseigenes Brunnenwasser verwendet und vor der Verarbeitung einem akribischen Reinigungsprozeß unterzogen.

Für einen Wodka guter Qualität muß das Wasser enthärtet, das heißt, von allen Wasserhärte verursachenden Teilchen, insbesondere den Calziumionen, befreit werden. Hierzu wird es durch einen Ionenaustauscher und oftmals noch durch einen Aktivkohle- oder Sandfilter geschickt. Im Idealfall sollte es weniger als vier Milligramm gelöste Minerale pro Liter enthalten und so rein wie destilliertes Wasser sein. In der Vergangenheit wurde häufig destilliertes Wasser verwendet, allerdings mit dem Ergebnis, daß die Wodkas ein wenig langweilig schmeckten. Da diese Methode außerdem relativ teuer ist, wird sie heutzutage kaum noch praktiziert.

Setzt man dem rektifizierten Alkohol ungereinigtes Wasser zu, büßt der Wodka die erforderliche Geschmeidigkeit ein, und die Reinheit von Geschmack und Aroma wird beeinträchtigt. Außerdem besteht die Gefahr, daß manche Wasserinhaltsstoffe, wie Eisen, die Farbe der Flüssigkeit verändern.

Der Wasseranteil von Wodka liegt bei 60 Prozent. Kein Wunder also, daß es vor der Verwendung einem strengen Reinigungsprozeß unterzogen wird.

Frühe Destillationsverfahren

Wann und wie das Prinzip der Destillation entdeckt wurde, läßt sich nicht exakt feststellen, wahrscheinlich sind die Anfänge aber im Vorderen Orient zu suchen. Mesopotamischen Parfümherstellern war diese Methode zur Extraktion ätherischer Öle aus Pflanzen jedenfalls schon um 3500 v. Chr. bekannt. Die Chinesen verwendeten um 1000 v. Chr. destillierten Reiswein bei der Herstellung von Schießpulver, und zur Zeitenwende ist die Destillation unter anderem in Alexandria und Damaskus belegt, wo man sie bei der Fabrikation von Lampenöl, Lösungs- und Desinfektionsmitteln einsetzte.

Griechen und Römer entwickelten gleichfalls ein Verfahren, Flüssigkeitsgemische in ihre Bestandteile zu trennen, doch die heute praktizierten Destillationsmethoden gehen vermutlich auf die Araber zurück, die im achten Jahrhundert n. Chr. einen Großteil der Iberischen Halbinsel besetzten. Das würde auch die Existenz relevanter Begriffe arabischen Ursprungs erklären, wie *al kohol* oder das englische Wort für Destillierkolben (*alembic*). Bis ins zehnte Jahrhundert vollführten die »Mauren«, die allerdings nur eine einfache Form der Destillation beherrschten, chemische Experimente mit Alkohol, und ihr Wissen drang wohl von Spanien aus bis in das Herz des Kontinents, geriet dort aber während des frühen Mittelalters in Vergessenheit.

Nun erschienen die Iren auf der Bildfläche der Geschichte. Vom sechsten bis ins neunte Jahrhundert waren irische Klöster Inseln der Gelehrsamkeit inmitten eines im Dunkel versunkenen Abendlandes, und die Mönche hielten auch die Fertigkeit der Destillation lebendig. Ab dem zehnten Jahrhundert kamen sie als Missionare aufs Festland, und in den

Im Jahr 1334 stellte Arnold de Villeneuve in der Provence den ersten Weinbrand her, der urkundlich erwähnt wird.

Klöstern, die sie gründeten, begann man sich gleichfalls dieses Verfahrens zu bedienen. Es gilt als sicher, daß 1100 n. Chr. in Norditalien Alkohol durch Destillation gewonnen wurde, und Dokumente belegen die Herstellung eines Weinbrandes in der Provence im Jahre 1334 durch Arnold de Villeneuve. Es verstrich mindestens ein weiteres halbes Jahrhundert, bis dieser Traubenbrand oder *aqua vitae* (Lebenswasser) Nordeuropa erreichte. Genueser Kaufleute führten ihn gegen Ende des 14. Jahrhunderts am russischen Hof ein, doch es dauerte noch geraume Zeit, bis man in diesen Breiten selbst mit dem Destillieren begann.

Die Frage, wo und wann sich dies zutrug, wurde jahrelang lebhaft diskutiert. War es in Polen, war es in Rußland? Wir werden es wahrscheinlich nie ganz genau erfahren. Wir wissen lediglich, daß Branntwein aus Getreide, wahrscheinlich Weizen, in diesem Teil Europas erstmals um die Wende vom 15. zum 16. Jahrhundert in Erscheinung trat. Es handelte sich zwar sicherlich um qualitativ noch recht bescheidene Produkte mit niedrigem Alkoholgehalt, doch sie waren der Ausgangspunkt für den Wodka, wie wir ihn heute kennen.

Die ersten Kornbrände waren schlecht destilliert und enthielten wenig Alkohol, doch sie waren der Ausgangspunkt für den Wodka, wie wir ihn heute kennen.

Destillation und Rektifikation

Auf einen einfachen Nenner gebracht, ist Destillation die Gewinnung hochprozentigen Alkohols aus einer schwach alkoholhaltigen Flüssigkeit. Diese kann unterschiedlicher Provenienz sein: So verwendet man Wein für *Cognac* oder *Armagnac* und vergorenen Agavensaft (*pulque*) beim mexikanischen *Tequila*. Wodkabrennern wiederum dient Maische als Ausgangsprodukt. Sie entsteht durch Gärung eines Gemisches aus Getreide oder anderen Feldfrüchten und Wasser. Die erste Phase der Wodkaproduktion ist also die Herstellung dieser Maische, einer bierartigen Flüssigkeit mit relativ niedrigem Alkoholgehalt.

Die Getreidekörner oder Kartoffeln werden zunächst zerkleinert und mit Wasser versetzt. Nun wird das Ganze erhitzt, damit sich ihre Stärke in Zucker verwandelt. Das Ergebnis ist eine dicke, süßliche Flüssigkeit, Würze genannt. Durch Zugabe von Hefe setzt ein Gärungsprozeß ein, und es entsteht die Maische mit einem Alkoholgehalt von etwa sechs bis acht Prozent. Durch Destillation gewinnt man hieraus den sogenannten Rohalkohol. Alkohol und Wasser haben unterschiedliche Siedepunkte: 78,4° C bzw. 100° C. Daher erscheint es ganz einfach, Alkohol aus einer Flüssigkeit zu extrahieren – man muß sie nur auf 78,4° C erhitzen, den Alkohol verdampfen und sich in einem Kondensator wieder verflüssigen lassen. Ganz so leicht geht es leider nicht, da das Wasser bereits bei Zimmertemperatur verdunstet und sich während des Aufheizvorgangs mit dem Alkoholdampf vermischt. Deshalb muß man den Dampf mit dem höchsten Alkoholgehalt auffangen und dann nochmals destillieren.

Die ersten Destillierapparate waren ganz einfache »Brennblasen«, wie sie in ähnlicher Form noch heute bei der Herstellung von Scotch oder Cognac verwendet werden. Sie bestehen lediglich aus einem großen Kupferkessel, der oben in einen V-förmigen Trichter ausläuft. In diesem Gefäß wird die Maische erhitzt, wenn die Temperatur ansteigt, entstehen die ersten Dämpfe, der sogenannte Vorlauf (oder erste Fraktion). Er enthält noch viele Verunreinigungen und ist deshalb für den Destillateur von geringem Wert. Die letzte Fraktion (Nachlauf), also die Dämpfe, die entstehen, wenn sich die Temperatur der Marke von 78,4° C nähert, enthält hingegen viel Wasserdampf. Daher wird zur Weiterverarbeitung bevorzugt die mittlere Fraktion verwendet.

Die frühen Branntweine waren gewöhnlich sehr unrein und wiesen nur einen Alkoholgehalt von etwa 20 %vol auf, bis man auf die Idee kam, nur die mittlere Fraktion aufzufangen und ein zweites Mal zu destillieren, so daß die Verunreinigung reduziert und der Alkoholgehalt auf circa 86 %vol gesteigert werden konnte.

Alte Destillieranlage. Zum Destillieren wurden zunächst Brennblasen benutzt, die heute nur noch selten bei der Wodkaproduktion Verwendung finden.

In Wodkabrennereien kommen Destillierblasen heute nur noch zum Einsatz, wenn man einen besonders milden Brand erzielen will. In der Regel bedient man sich des Verfahrens der kontinuierlichen Destillation. Bei dieser Methode, die weit effizienter ist, macht man sich ebenfalls die unterschiedlichen Siedepunkte der einzelnen Stoffe zunutze. Methanol zum Beispiel verdampft schon bei einer relativ niedrigen Temperatur, Fuselöle dagegen – ein wichtiger Bestandteil der Maische! – haben einen recht hohen Siedepunkt. So hat der Hersteller die Möglichkeit, den Ausgangsstoff vollständig in seine Bestandteile – Wasser und die verschiedenen Alkohole – zu zerlegen.

Die Grundapparatur für die kontinuierliche Destillation besteht aus zwei säulenartigen Teilen: Analysierer und Rektifizierer (siehe Seite 19). Beide sind horizontal in mehrere Segmente getrennt. Der Analysierer wird von unten mit heißem Wasserdampf beschickt, und dieser erwärmt beim Aufsteigen die Segmente. Gleichzeitig wird von oben Maische eingefüllt, die sich auf die vom Dampf erhitzten Böden oder Teller der

Die Brennerei in Åhus, Südschweden, wo der Absolut erzeugt wird. Bei der Destillation gewinnt man aus der Getreide- oder Kartoffelmaische den Rohalkohol.

einzelnen Segmente verteilt. Hierdurch und durch die aufsteigenden Dämpfe wird die Maische selbst erhitzt, und während sie immer tiefer bis zum Boden der Säule fällt, verdampft der darin enthaltene Alkohol und wird abgezogen. Alkoholdampf sowie der verbleibende, während des Prozesses nicht kondensierte Wasserdampf von unten ziehen durch eine Röhre vom oberen Ende der Säule zum unteren Ende des Rektifizierers.

Der so gewonnene Rohalkohol enthält noch viele unerwünschte Substanzen. Daher wird nun in der zweiten Säule, dem Rektifizierer, das Gemisch geschieden, so daß der recht reine und hochprozentige Alkohol für den Wodka entnommen werden kann.

Die (bis zu 40) Segmente des Rektifizierers sind durch perforierte Scheiben voneinander getrennt. Außerdem enthält er die geschwungene oder spiralförmige Röhre, durch welche die Maische in den Analysierer gelangt. Die Röhre ist zunächst kalt, wird von den aufsteigenden heißen Dämpfen aus der ersten Säule allmählich erwärmt. Die aufsteigenden Gemischdämpfe kühlen wiederum an der Wand der Röhre ab und fangen an zu kondensieren (größtenteils entsteht Wasser). Das Kondensat fließt über die Kolonnenböden nach unten, von wo es leicht abgeführt werden kann.

Weiter oben beginnen auch die alkoholischen Dämpfe zu kondensieren. In genau der richtigen Höhe kann dann der für den Branntwein benötigte kondensierte Alkohol von einem Teller aufgefangen und vom Destillateur entnommen werden.

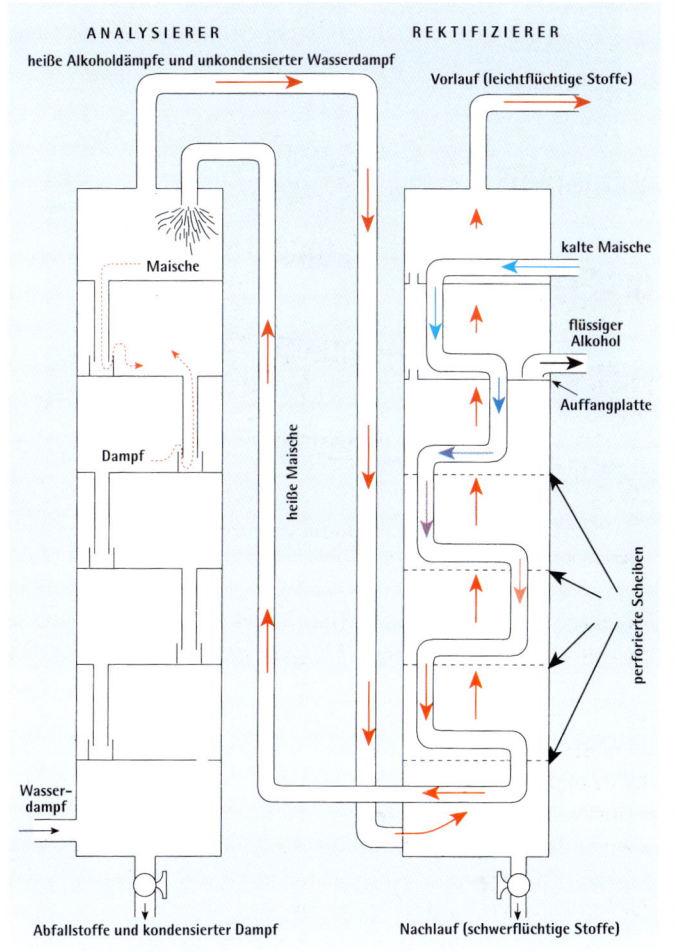

ANALYSIERER

heiße Alkoholdämpfe und unkondensierter Wasserdampf

Maische

Dampf

heiße Maische

Wasser-
dampf

Abfallstoffe und kondensierter Dampf

REKTIFIZIERER

Vorlauf (leichtflüchtige Stoffe)

kalte Maische

flüssiger
Alkohol

Auffangplatte

perforierte Scheiben

Nachlauf (schwerflüchtige Stoffe)

Die meisten Wodkas werden nach dem patentierten System
der kontinuierlichen Destillation gebrannt.

Diese Zwei-Säulen-Methode kam in der zweiten Hälfte des 19. Jahrhunderts auf und wurde seither weiterentwickelt. Moderne Destillierapparate dieser Art haben mehr als zwei Säulen, von denen einige den Destillier- bzw. den Rektifizierprozeß mehrmals wiederholen, während in anderen aus Vor- und Nachlauf weiterer Alkohol gewonnen wird. Durch dieses hocheffiziente System erhält man einen reinen, etwa neunzigprozentigen Alkohol.

Destillation und Rektifikation bergen jedoch zahlreiche Fehlerquellen. Werden die beiden Prozesse aus ökonomischen Rücksichten zu

Die Maische wird dort in die Rektifiziersäule eingebracht, wo die für den Branntwein nötige Alkoholfraktion zu kondensieren beginnt und dann aufgefangen wird.

schnell ausgeführt, dann entstehen deutlich minderwertige Wodkas. Ein weiteres Problem besteht darin, daß manche Produzenten den Rohalkohol nicht selbst herstellen und diesen Teil des Produktionsprozesses daher nicht kontrollieren können.

Destillation unter Zeitdruck birgt verschiedene Gefahren. Wird zum Beispiel die Maische zu früh eingefüllt, das heißt, vor Abschluß der Gärung, enthält sie noch unvergorenen Restzucker. Dieser verbrennt dann im Destillationsapparat, und es entsteht Diacetyl, das bei der Rektifikation nie völlig eliminiert wird und dem Wodka einen Geruch nach Karamel oder Toffee verleiht. Verbrennende Resthefe wiederum setzt sogenannte Benzpyrene frei, die unangenehm nach Fleisch riechen. Zu schnelle Rektifikation dagegen verhindert die vollständige Ausführung des Trennungsprozesses, so daß manche Stoffe nicht mehr ausgeschieden werden – etwa Pentanol, das nach Nagellackentferner riecht, oder Dimethylthiazole, die den Geruch von Kohl an sich haben. Fuselöle, eine dicke, ölige Substanz, die in kleinen Mengen für angenehme Milde sorgt, machen im Übermaß den Brand schwer und schmierig.

Viele marktübliche Wodkas sind mit solchen Fehlern behaftet – aber verlassen Sie sich nicht einfach auf meine Behauptung, sondern testen Sie selbst: Geben Sie einen Teil zimmerwarmen Wodkas und zwei Teile reinen, stillen Mineralwassers in ein Weinglas. Schwenken Sie es, damit sich das Aroma entfalten kann, und riechen Sie am Inhalt: Die meisten Fehler werden Ihnen geradezu penetrant in die Nase steigen.

Nach Destillation und Rektifikation wird der Wodka mit Wasser bis zur gewünschten Stärke verdünnt und anschließend gefiltert.

Filtration und Reinigung

Mehr als bei jedem anderen Branntwein ist das A und O beim Wodka ein reiner, unverfälschter Geschmack. Wo andere Destillateure Aromastoffe, die bei der Gärung entstehen, belassen, um so ihrem Produkt den typischen Geruch, Geschmack und Charakter zu verleihen, setzen Wodkahersteller alles daran, sie zu entfernen und ein möglichst reines Endprodukt zu erhalten. Die nötige Sorgfalt vorausgesetzt, werden Fremdsubstanzen bereits bei der Destillation und Rektifikation weitgehend ausgeschieden. Der Wodka wird nun noch gefiltert, bis er nur mehr 30 Milligramm Aromastoffe pro Liter aufweist – im Gegensatz zu Scotch oder Cognac, bei denen 2600 Milligramm üblich sind.

Wodkaproduzenten haben seit jeher nach neuen und besseren Filtermethoden gesucht, vielleicht weil die frühen Destillationsmethoden einerseits sehr effizient waren, andererseits aber einen hohen Grad an Verunreinigung des Destillats mit sich brachten. Eines der frühesten Experimente bestand darin, den Brand hinaus in die Kälte zu stellen. So gefror vermutlich ein Großteil der Fremdstoffe und setzte sich auf dem Boden ab, und die gereinigte Flüssigkeit konnte oben abgeschöpft werden. Mit der Zeit wurden aber rationellere Methoden entwickelt. Man setzte dem

Filtersäulen. Nach Destillation und Rektifikation wird der Wodka durch Filtration weiter gereinigt. Deshalb enthält er nur einen minimalen Fremdstoffanteil.

Branntwein Eiweiß oder Milch als Gerinnungsmittel zu oder filterte ihn durch Materialien wie Filz und Sand, Textilien oder Keramikscherben. Heute nimmt man gewöhnlich Holzkohle.

Holzkohle, wie auch ihr Grundstoff Kohlenstoff, ist ein stark absorptives Material, vor allem, wenn sie aus Hartholz wie Buche oder Eiche hergestellt wird. In Rußland stammte die Holzkohle seit Jahrhunderten von Birken, und man hat sie nicht nur zum Wodkabrennen verwendet, sondern auch zum Erhitzen des Samowars. Heutzutage wird die Holzkohle »aktiviert« oder auf 800 bis 1000 °C erhitzt und gewinnt bei dieser Temperatur eine schwammartige Konsistenz. Als Granulat gelangt sie in säulenförmigen Filtern zum Einsatz, wobei die Größe der Kugeln von oben nach unten zunimmt: Die größten, etwa kieselgroßen, liegen ganz unten, die kleinsten ganz oben. Der Wodka wird nun durch diese Säulen gepumpt – vorzugsweise von unten: Sickert er nämlich von oben durch das Kohlegranulat, bahnt er sich kleine Kanäle, die er recht ungehindert und somit zu schnell durchläuft.

Das Filtern ist ein recht zeitaufwendiges Geschäft. Die Pierre Smirnoff Company zum Beispiel gibt an, daß ihr Wodka durch zehn Filtersäulen gepumpt wird und jeder Tropfen durch sieben Tonnen Holzkohle rinnt – ein Prozeß, der acht Stunden beansprucht. Das Ergebnis ist ein kristallklarer Wodka. Vor dem Abfüllen wird er ein letztes Mal gefiltert, um die restlichen Schwebstoffe zu entnehmen. Hierzu verwendet man einen Membranfilter oder eine Patrone mit Filterpapier, das nur 0,0001 mm dick ist und sogar Teilchen von Mikrongröße herausfiltern kann.

Das Filtern mit Kohle bedarf allerdings strenger Kontrolle. Die extrem absorptionsfähige Substanz saugt sich schnell mit Schmutzstoffen voll und ist in diesem gesättigten Zustand wirkungslos. Der Filter muß stets rechtzeitig mit Dampf gereinigt werden – was nachlässige Destillateure oftmals versäumen.

Nach weit verbreiteter Ansicht bekommt man von Wodka keinen nennenswerten Kater – im Gegensatz zu anderen hochprozentigen Alkoholika. Das trifft durchaus zu: Alle Stoffe, die Kopfschmerzen und Übelkeit verursachen können, sind bei einem Wodka guter Qualität herausdestilliert und -gefiltert. Also nimmt man im wesentlichen reinen Alkohol und Wasser zu sich. Scotch oder Cognac dagegen enthalten auch geringe Mengen von Fremdstoffen, darunter Substanzen, die der Branntwein während der Faßlagerung dem Holz entzieht.

Haben Sie vom Wodka also einmal ein Glas zuviel getrunken und erwachen trotzdem am nächsten Morgen mit klarem Kopf, so verdanken sie dies den Wodkaproduzenten, die über Generationen hinweg mit Zielstrebigkeit, unermüdlichem Fleiß und Experimentierfreude einen so unvergleichlich reinen Branntwein schufen.

Wodka-Arten

Bei Wodkas gibt es einen grundsätzlichen Unterschied: Die im Westen bevorzugten
zeichnen sich durch einen »eindimensionalen« Geschmack aus,
während diejenigen aus Osteuropa einen ausgeprägteren »Charakter« aufweisen.

Wer der Ansicht ist, »Wodka sei gleich Wodka«, wird durch das folgende Experiment schnell eines Besseren belehrt. Nehmen Sie je eine Flasche westlichen, polnischen und russischen Wodka von guter Qualität. Als »Westler« bietet sich ein Royalty oder Tanqueray Sterling an, aber auch jeder andere, der im Markenteil dieses Buches empfohlen wird. Aus Polen nehmen sie entweder den klassischen Wyborowa oder eine der neuen Designermarken, wie Chopin oder Królewska. Der dritte im Bunde kann ein Stolichnaya oder Moskovskaya sein. Geben Sie jeweils dieselbe Menge in drei kleine Gläser.

Stellen Sie die drei Gläser bei Zimmertemperatur nebeneinander auf, lassen Sie den Inhalt sorgfältig auf die Nase wirken, und trinken Sie dann einen Schluck. Die »Probanden«, die zunächst völlig identisch erschienen, legen nun ganz individuelle Züge an den Tag.

WODKA WESTLICHER ART

Wodkafabrikanten in Westeuropa, Skandinavien und Nordamerika stellen bei ihren Produkten Reinheit und Unverfälschtheit obenan. Neutraler Geruch, reiner Alkoholgeschmack – so sieht in ihren Augen der ideale Wodka aus. Nehmen Sie noch das Kriterium der Milde hinzu, und Sie haben einen typischen West-Wodka.

Dieses Resultat wird durch ausgefeilte Destillation und Rektifikation erreicht. Angesichts des jahrelang florierenden Geschäfts konnten Destillateure im Westen viel Geld in die Produktionstechnologie investieren und sind nun in der Lage, Wodkas herzustellen, die nur winzige Anteile an Geruchs- und Geschmacksstoffen enthalten. Vor allem der Wodka aus den USA ist in dieser Hinsicht vorbildlich, wenn er auch anderweitig keinen allzu hohen Ansprüchen gerecht wird.

WODKA POLNISCHER ART

Auch polnische Wodkahersteller rühmen sich der Reinheit ihrer Erzeugnisse, und verglichen mit anderen Spirituosen wie Gin, Whisk(e)y oder Weinbrand, sind sie auch rein. Polnische Wodkas sind allerdings von intensiverem Geschmack und Aroma als ihre westlichen Pendants. Die Spitzenmarken sind weich am Gaumen und von einer zarten, anhaltenden und zugleich unaufdringlichen Süße – die sogleich den Roggen verrät, aus dem sie gebrannt wurden. Polnische Wodkas fallen zudem etwas öliger aus als westliche, allerdings nicht so sehr wie die russischen. In Polen gäbe man niemals zu, daß diese Eigenschaften auf einen höheren Anteil der Geruchs- und Geschmacksstoffe zurückzuführen sind. Man spricht hier eher von »Charakter« als von Geschmack und beharrt darauf, daß polnischer Wodka absolut rein sei.

WODKA RUSSISCHER ART

Russische Wodkas sind recht scharf und geschmacksintensiv, besitzen also gleichfalls »Charakter«, sind aber weniger süß als die polnischen. Hochwertige Produkte sind mild, brennen aber leicht im Mund, da sie gewöhnlich Reste von Fuselölen enthalten. In geringen Dosen ist dieser Bestandteil äußerst wohlschmeckend und läßt den Wodka im Mund leicht ölig und glatt wirken.

Verkostet man Produkte der drei Richtungen, treten die Unterschiede rasch zutage. Auf der einen Seite haben Sie den neutralen Wodka aus dem Westen, auf der anderen die schwereren, charaktervollen polnischen und russischen Sorten. Was man bevorzugt, bleibt letztlich eine Sache des persönlichen Geschmacks. Man fragt sich nur, warum Destillateure aus dem Osten nicht einfach zugeben, daß ihr Wodka zwar weniger Reinheit, dafür aber ein unverwechselbares Aroma besitzt.

Öffnen Sie die Flasche eines Ihnen unbekannten Wodkas, und versuchen Sie am Geschmack zu erkennen, um welche Wodka-Art es sich handelt.

Rußland

Ob der erste Wodka in Polen oder in Rußland hergestellt wurde, ist in beiden Ländern eine Frage des nationalen Prestiges und die leidenschaftliche Diskussion darüber nicht ohne politische Brisanz. Es liegt mir fern, hier eine der beiden Parteien zu unterstützen, aber es steht außer Zweifel, daß entsprechende Publikationen auf russischer Seite weitaus zahlreicher sind und dort möglicherweise auch intensiver geforscht wurde. So versuchte der Gelehrte Viljam Pochlebkin mit geradezu besessenem Eifer den Beweis zu erbringen, daß Wodka eine russische Erfindung sei. Er wertete eine Unmenge historischer Dokumente aus und konnte mit durchaus überzeugenden Argumenten aufwarten, die für die »russische Sache« sprechen.

Die offizielle Bezeichnung »Wodka« ist erst seit dem späten 19. Jahrhundert gebräuchlich, doch Kornbrand wurde hier vermutlich bereits Mitte des 15. Jahrhunderts destilliert. Pochlebkin setzt das Datum zwischen 1448 und 1478 an und benennt sogar einen konkreten Ort für diesen Anfang: das Kloster Chudow (siehe Seite 185). Seiner Ansicht nach spricht das Zusammentreffen verschiedener Entwicklungen in dieser Epoche mit großer Wahrscheinlichkeit dafür, daß damals die erste Wodkadestillation vorgenommen wurde. Erstens ermöglichte die Einführung der Dreifelderwirtschaft im Großfürstentum Moskau einen höheren Ernteertrag beim Getreide. Während in anderen osteuropäischen Ländern die gesamte Menge für die Ernährung der Bevölkerung,

Branntwein auf Getreidebasis kennt man in Rußland bereits seit dem 15. Jahrhundert.

vor allem zum Brotbacken, benötigt wurde, konnte man es sich in Rußland erlauben, einen Teil zum Schnapsbrennen abzuzweigen.

Aqua vitae oder Weinbrand war hier bereits seit dem späten 14. Jahrhundert geläufig, als Genueser Kaufleute ihn an den
Moskauer Hof brachten. Nach 1530 bereiste eine Dele-
gation der russisch-orthodoxen Kirche erstmals Italien
und besuchte dort auch verschiedene Klöster. Auf dieser
Reise hatten sie zweifellos nicht nur Gelegenheit, *aqua
vitae* zu kosten, sondern auch die technische Ausrüstung
zu begutachten, die man für die Herstellung verwendete.
Nach der Rückkehr in die Heimat war daher eigentlich
jeder Reiseteilnehmer in der Lage, diesen Erfahrungen
eigene Taten folgen zu lassen: Er mußte nur Roggen verwenden, der im Überfluß vorhanden war.

Eine wichtige Voraussetzung für die Destillation war
also gegeben, und ein weiterer recht interessanter
Aspekt trat hinzu. Zeitgenössischen Zeugnissen
zufolge vollzog sich damals in Rußland – so Pochlebkin – »eine abrupte Veränderung ... von Sitte und
Moral, eine Verrohung von erschreckendem Ausmaß«. Zwischen 1440 und 1460 kamen neue, bru-
talere Methoden staatlicher Unterdrückung auf,
Kriegsgefangene wurden nun gedemütigt und hin-
gerichtet. Innere Unruhen und schwere Ausschrei-
tungen der armen Stadtbevölkerung waren zunehmend die Folge. Dazu Pochlebkin: »Diese Phäno-
mene stehen vielleicht nicht zur Gänze, aber doch
entscheidend in einem ursächlichen Zusammenhang mit dem drastischen Anstieg des Alkohol-
konsums, vor allem der gänzlich anderen Natur
des Rausches, der nun nicht mehr Fröhlichkeit
auslöste, sondern Brutalität. Auch dieser Umstand spricht übrigens dafür, daß man nun ganz
anders beschaffene Alkoholika zu sich nahm.«

Diese Hypothese erscheint vielleicht ein
wenig gewagt, und ihr politischer Akzent ist
unübersehbar. Es steht jedoch fest, daß im
Großfürstentum Moskau 1474 ein Monopol
für Produktion und Vertrieb von Branntwein

Alte Wodkaflasche. Wodka ist der Diminutiv
des russischen *woda:* »(Lebens-)Wasser«.

eingerichtet wurde. Herstellung und Verbrauch waren demnach schon in einem Maße verbreitet, das die politische Führung auf den Plan rief – aufgrund der katastrophalen Auswirkungen, oder weil man sich eine lukrative Einnahmequelle aus der Besteuerung versprach. Zu Beginn des 16. Jahrhunderts produzierte Moskau bereits soviel Branntwein, daß man nach Schweden und ins Baltikum exportieren konnte.

Die staatliche Kontrolle von Wodkaproduktion und -verkauf erlebte im russischen Stammland und dem kontinuierlich wachsenden Reich während der nächsten zweieinhalb Jahrhunderte immer wieder Veränderungen. Ungefähr von 1530 bis 1648 gab es beispielsweise die Einrichtung der sogenannten »Zarentavernen«. Deren Wirte wurden von der Gemeinde gewählt und waren der Regierung verantwortlich. Ihnen oblag nicht nur der Verkauf, sondern auch die Produktion – oftmals wurde an Ort und Stelle in der Taverne destilliert. Diese Eigenverantwort-

lichkeit wurde allerdings zunehmend mißbraucht. Qualitätseinbußen beim Wodka, wachsende Verschuldung der ärmeren Bevölkerung bei den Wirten und Mißernten waren mitverantwortlich für die Aufstände des Jahres 1648, die sich zugleich gegen die Salzsteuer und die allgemeine Korruption richteten. Zar Alexej Michailowitsch

Altes Smirnow-Etikett mit den kaiserlichen Wappen, dem Zeichen der Hoflieferanten.

schlug die Revolte nieder, und sein Versuch, das Tavernensystem in Teilen zu reformieren, endete bereits 1681 mit der Rückkehr zu einem strikten staatlichen Produktionsmonopol.

Peter I. (»der Große«, 1672–1725) machte dem zu Beginn des 18. Jahrhunderts ein Ende. Er erkannte, daß die Freigabe der Branntweinherstellung für den Staat weitaus lukrativer war, sofern man sie entsprechend besteuerte – und Geld hatte er bitter nötig, um seine unablässigen Kriegszüge finanzieren zu können. Die Folge seiner Maßnahmen war ein beträchtlicher Anstieg der Wodkaproduktion.

Das Jahr 1765 ist ein weiteres wichtiges Datum in der Geschichte des russischen Wodkas: Die Zarin Katharina II. führte eine Zweiteilung in der Produktion ein. Einerseits erhielt der Landadel das Privileg, für den Eigenbedarf Wodka zu brennen; er versorgte darüber hinaus den Hof und die zugehörige Bauernschaft. Andererseits schuf man ein Netz staatlicher

1765 übertrug Katharina II. dem Landadel das Branntweinprivileg für den Hof und die eigene Bauernschaft. Den Rest der Bevölkerung versorgten staatliche Destillerien.

Destillerien, die den Bedarf der restlichen Bevölkerung deckten, also den Klerus, die ärmeren Städter und die Kaufleute – die allerdings selbst schon seit Beginn des Jahrhunderts in der Produktion aktiv waren.

Das Branntweinprivileg des Adels leitete ein Goldenes Zeitalter für den russischen Wodka ein. Da man in diesen Kreisen keinerlei Rücksicht auf wirtschaftliches Produzieren nehmen mußte, gelang es bald, Wodka von herausragender Qualität herzustellen. Schon vor der Einführung der Destillationstechnik hatten russische Met- und Bierbrauer ausgeklügelte Verfahren vor allem zur Filtration und Reinigung entwickelt, so das Filtern durch Flußsand, Filz und sogar durch Birkenholzkohle. Auch die Reinigung mit Hilfe von Gerinnungsstoffen wie Milch, Eiweiß oder Fischleim war bereits geläufig.

Die wohlhabenden Großgrundbesitzer machten von diesen aufwendigen Methoden reichlich Gebrauch und konnten zudem das beste Getreide aus eigener Ernte verwenden – damals zumeist Roggen. Und sie reicherten ihren wunderbar reinen Branntwein mit den besten Ingredienzien an: Haselnüsse, Wacholderbeeren, Minze, Anissamen, Kirschen oder anderes Obst. Für den Landadel wurde die Qualität dieser Spirituosen zu einer Prestigeangelegenheit, und bereits gegen Ende des 18. Jahrhunderts erreichte der russische Wodka

Die älteste Wodkafabrik Moskaus.

die höchste Güteklasse, die bei einem hausgemachtem Branntwein überhaupt möglich ist. Sein Renommee ließ ihn schließlich zu einem regelrechten Kultobjekt avancieren – auch im Westen Europas, wohin er nun gleichfalls exportiert wurde.

Bei den staatlichen Brennereien verlief die Entwicklung weniger positiv. Sie produzierten zwar Wodka von akzeptabler Qualität, waren jedoch abhängig von der Einkaufspolitik der sogenannten Getränkekammern, die ihre Erzeugnisse sammelten und an den Staat lieferten, der sie dann auf den Markt brachte. Überstieg die Nachfrage das Volumen der staatlichen Brennereien, durften die Kammern den restlichen Bedarf bei privaten Herstellern, meist Landbesitzern, decken. Diese wiederum verstanden es, die Kammern durch attraktive Bedingungen für sich einzunehmen, und da keinerlei Verordnungen zum Schutz der staatlichen Destillerien existierten, verschwanden sie bis zur Jahrhundertwende mehr oder weniger von der Bildfläche.

Ungeachtet der Adelsprivilegien erlebte die Hausbrennerei auch in anderen Bevölkerungskreisen einen wahren Wildwuchs. Als sie zunehmend in habgierige Hände geriet, sank der Qualitätsstandard des russischen Wodkas drastisch. Im frühen 19. Jahrhundert drängten zudem billige und schlechte Wodkas aus Polen und deutsche Schnäpse auf den westrussischen Markt. Sie waren aus preiswerterem Rohmaterial gebrannt (meist Kartoffeln) und industriell hergestellt. Die russischen Destillateure antworteten auf diese Konkurrenz mit einer Flut minderwertiger, unreiner und gesundheitsschädlicher Wodkas. Erst in den achtziger Jahren wurde der politischen Führung das Ausmaß des Problems voll bewußt, und man begann, nach Wegen einer vernünftigen Qualitätskontrolle für dieses problematische Nationalgetränk zu suchen.

Als erste Maßnahme versuchte man die Unzahl privater Brennereien zu reduzieren; von 5000 im Jahre 1860 blieben 1890 noch 2000. Dies brachte jedoch nicht den gewünschten Erfolg, und so wurde 1890

Trunksucht gehörte bis 1917 zu den verbreiteten Phänomenen des russischen Alltags.
Nach der Oktoberrevolution wurde das Schnapsbrennen verboten.

ein striktes staatliches Monopol eingerichtet. 1880 wurde in den staatlichen Betrieben die Rektifikation eingeführt, und vier Jahre später berief man ein mit prominenten Wissenschaftlern besetztes Technik-Komitee ein, das weitere Möglichkeiten der Qualitätssteigerung erarbeiten sollte. Anfang des 20. Jahrhunderts produzierten alle staatlichen Brennereien auf der Basis derselben Technologie und mit standardisierten Methoden.

Trunksucht blieb allerdings ein weithin verbreitetes Phänomen, bis die Bolschewiki nach der Oktoberrevolution 1917 die Wodkaherstellung ganz verboten. Einen guten Kommunisten zeichnete fortan die Mißbilligung des Alkohols aus. Von dieser (offiziellen) Einstellung rückte man lange Zeit nicht ab, erlaubte aber nach 1924 wieder den Konsum leichter Alkoholika, wie Bier und Wein, und ließ ab 1936 die Wodkaproduktion in geringen Mengen zu.

Diese von der Obrigkeit angeordnete Zurückhaltung war indes nicht von Dauer. Kurz nach dem Sieg in Stalingrad 1943 begann man, Tagesrationen von circa 100 ccm an die Soldaten der Roten Armee auszugeben. Da 1945 fast die gesamte männliche Bevölkerung (und ein Großteil der weiblichen) Uniform trug, ging nach Kriegsende eine neue Welle des Wodkakonsums über das Land. In den fünfziger Jahren wurde der Wodkapreis bewußt niedrig gehalten, und die Trunksucht grassierte erneut. Zwar standen auf Trunkenheit in der Öffentlichkeit hohe Strafen, doch insgesamt sah die Regierung dieser Entwicklung mehr oder minder tatenlos zu.

Erst im Rahmen der Perestroika-Bewegung der achtziger Jahre initiierten die Kremlherren eine gezielte Kampagne gegen den Alkoholmißbrauch, die Aufklärungsarbeit über die gesundheitlichen Gefahren übermäßigen Konsums und die medizinische Betreuung Suchtkranker blieben aber unzureichend.

Die ganze Kampagne sah sich von vornherein mit dem Problem konfrontiert, daß der Wodkagenuß integraler Bestandteil des russischen Gesellschaftslebens ist, und konnte deshalb nur von begrenzter Wirkung sein. Der jährliche Wodkaverbrauch pro Kopf wird noch immer auf ungefähr eineinhalb Liter geschätzt. Das ist etwa doppelt soviel wie in Polen. Die großen Mengen illegal importierten Wodkas sind dabei nicht einmal berücksichtigt, ganz zu schweigen von dem aussichtslosen Kampf gegen die Schwarzbrennerei: Man hat zwar in den vergangenen Jahren allein in Moskau rund 1700 solcher Betriebe geschlossen, aber nicht verhindert, daß 50000 Menschen an vergiftetem Wodka starben.

Zwei bekannte Marken mit »legendärer« Werbung.

Das ist in der Tat eine traurige Wahrheit. Gleichwohl sollte sie nicht den Blick darauf verstellen, daß die Wodkadestillation in Rußland auf eine lange Tradition zurückblickt und einige der besten Wodkas der Welt hervorbringt, Wodkas mit großem Charakter und von höchster Qualität. Sie kommen aus streng kontrollierten Betrieben, wie Cristall (Moskau) oder Livis (St. Petersburg), die sämtlich Aktionäre der Agentur Sojusplodoimport sind, die den Wodka in den Westen ausführt.

Die international bekannteste russische Marke dürfte Stolichnaya sein, andererseits ist der klare, unaromatisierte Moskovskaya wohl der Klassiker; er dient in Rußland als Qualitätsmaßstab, an dem alle anderen Wodkas gemessen werden. Daneben gibt es wunderbare aromatisierte Wodkas, wie den Okhotnichya, den »Jägerwodka«, den Pertsovka mit Pfeffergeschmack oder den wundervollen Sibirskaya. Seit kurzem ist auch der Smirnoff Black auf dem Markt, der bei Cristall hergestellt wird. Auf diese Bandbreite sind die Russen zu Recht stolz, und es lohnt sich, hier ein wenig auf Entdeckungsreise zu gehen.

Polen

Es gibt nur ein Land, das Rußland den Anspruch, die Heimat des Wodkas zu sein, streitig machen kann: Polen. Ein Vorkämpfer von der Geduld und dem Format eines Viljam Pochlebkin, der von patriotischem Eifer beseelt einen entsprechenden Beweis anträte, sucht man hier aber bislang vergebens, und Veröffentlichungen über die Geschichte der einheimischen Wodkadestillation blieben spärlich.

Das Brennen von Wodka, in Polen zunächst *gorzalka* genannt, gewann vom 16. bis Ende des 18. Jahrhunderts zunehmend an Bedeutung.

In der polnischen Literatur, namentlich in den Werken von Gole-biowski und Ostrowska-Szymaska, existieren allerdings Hinweise darauf, daß Wodka in Polen bereits im 14. Jahrhundert konsumiert und auch her-gestellt wurde – rund hundert Jahre früher als in Rußland. Träfe dies zu, wäre Polen tatsächlich die Geburtsstätte des Wodkas. Sichere Beweise datieren aber erst aus der Regierungszeit des Königs Jan Olbracht, der sei-nen Untertanen als erster das Recht einräumte, Branntwein herzustellen und zu verkaufen. In den Jahren 1564 und 1565 wurden erstmals Steuern auf Destillation, technische Ausrüstung und Handel erhoben, was darauf hindeutet, daß bereits beträchtliche Mengen umgeschlagen wurden.

Der ursprünglich *gorzalka* genannte Branntwein wurde in Polen traditionell aus Roggen oder anderem Getreide hergestellt, über die Trinkgewohnheiten ist nichts bekannt. Das russische Lehnwort *wodka* war zu jener Zeit vorrangig als Bezeichnung für pharmazeutische Alkoholgemische gebräuchlich, wie Stärkungs- und Erfrischungsmittel. Sie waren gewöhnlich nicht sehr hochprozentig und mit Kräutern und anderen Ingredienzien versetzt. Man trank sie in kleinen Men-gen oder rieb damit schmerzende Körperstellen ein. Als *wodka* gal-ten aber zum Beispiel auch Duftwässer auf Alkoholbasis. In seinem Werk »Kräuter« (1534) spricht der Wissenschaftler Falimirz von »Wodka zum Waschen des Kinns nach der Rasur«. Mit der Zeit jedoch wurde neben *gorzalka* auch *wodka* als Bezeichnung für Spiri-tuosen üblich, und im 18. Jahrhundert wurden beide Begriffe synonym verwendet.

In der Zwischenzeit hatte sich die Wodkabrennerei zu einem be-deutenden nationalen Industriezweig fortentwickelt. 1572 erhielt die Aristokratie das Branntweinprivileg zugesprochen. Die Mehrzahl der Gutsherren ließ nun nach sorgsam gehüteten Familienrezepten Wodka brennen und veräußerte ihn an Bauern und Reisende. Auch in Klöstern wurden oft Produktionsstätten für Wodka eingerichtet.

Den größten Aufschwung erlebte das Brennereiwesen jedoch in den Städten. In Krakau wurden bekanntlich schon um 1550 große Mengen Wodka gebrannt und bis nach Schlesien exportiert. Das eigentliche Zentrum aber wurde Posen. Im Jahre 1580 gab es dort 49 Brennereien, und Händler aus ganz Polen tätigten ihre Einkäufe – soviel belegen alte Dokumente.

Posens Aufstieg setzte sich im 18. Jahrhundert fort, und in den Bren-nereien wurde nicht nur Wodka erzeugt, sondern auch Liköre und Met. 1768 wurde in der Vorstadt Grobla eine neue Brennerei eröffnet, und weiterhin florierte der Handel. Über den Ostseehafen Danzig wurde die Ware nach St. Petersburg verschifft, auf dem Flußweg nach Breslau und Wien, und auch in Deutschland fand der Wodka weithin Verbreitung.

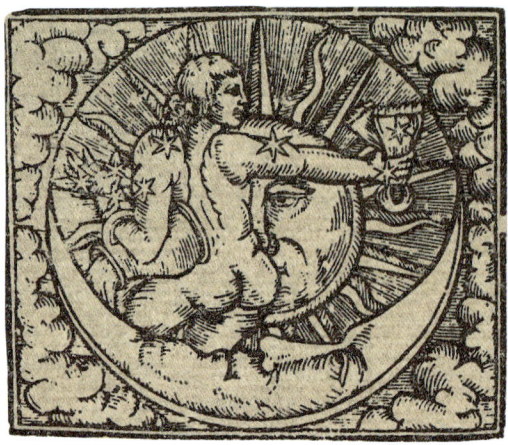

Auch in Geschichte, mündlicher Überlieferung und im Legendenschatz Polens spielt Wodka häufig eine Rolle, die polnische Literatur berichtet sogar schon im 14. Jahrhundert vom Wodkagenuß.

Gegen 1800 wurde er bereits nach Moldawien, Ungarn und in die Anrainerstaaten des Schwarzen Meeres exportiert.

Vielleicht liegt es am Klima oder an der polnischen Mentalität, jedenfalls wurde Wodkatrinken hier ebenso wie in Rußland zu einer Lebensart, einer Tradition, die bis heute überlebt hat. Ein friesischer Reisender schrieb 1672, daß die Polen »besonders am Wodka Gefallen finden, den sie auf polnisch *gorzalka* und in ihrem Latein *crematum* nennen. Sogar die höchsten Adeligen tragen in kleinen Behältern immer welchen bei sich und müssen beinahe jede Stunde einen Schluck davon nehmen.«

Eine andere literarische Quelle, das polnische Nationalepos »Pan Tadeusz« (»Herr Thaddäus oder der letzte Eintritt in Litthauen«, 1834) von Adam Mickiewicz, schildert, wie Jäger nach einer großen Jagd und einem ausführlichen Bigosch-Mahl (polnisches Nationalgericht aus Weißkraut) aus großen Tassen Wodka trinken, den sie zuvor im Schnee kühlten.

Firmenzeichen der Brennerei in Posen, gegründet 1823.

1772 teilten die Großmächte Preußen, Österreich und Rußland das Königreich Polen unter sich auf. Wodkaproduktion und -konsum florierten aber auch unter dieser anderthalb Jahrhunderte dauernden Fremdherrschaft.

So wurde die größte polnische Brennerei 1823 von einem preußischen Kavallerieregiment in einem Außenbezirk von Posen erbaut und ein Teil der zweitgrößten 1880 in Zielona Góra.

Die Destillationstechnik machte schnelle Fortschritte, und neben dem traditionellen Roggen verwendete man nunmehr auch Kartoffeln oder Zuckerrüben als Grundstoffe.

Nach dem Ende des Ersten Weltkrieges erhielt Polen seine Unabhängigkeit zurück. Die junge Republik richtete 1919 ein staatliches Alkoholmonopol zur Aufsicht über Produktion und Vermarktung ein, das bis zum Einmarsch der Deutschen im September 1939 fortbestand. Die Produktion im kommunistischen Nachkriegspolen wurde von der Polmos (Polnisches Monopol für Branntwein) kontrolliert, Verteilung und Verkauf überwachten andere Regierungsstellen – so übernahm das Außenhandelsunternehmen Agros den Export.

Heute existieren nur noch Reste dieses Systems. Polmos befindet sich zwar nach wie vor in Regierungshand, wurde jedoch in 25 selbständige Firmen aufgeteilt. Diese sogenannten »Fabriken« erwerben von etwa 500 kleinen ländlichen Brennereien Rohalkohol (meist aus Roggen, zuweilen aus Kartoffeln) und verarbeiten ihn bis zur Flaschenabfüllung. Das fertige Produkt gelangt in den freien Verkauf; nur die Exportlizenz einiger führender Marken, wie Wyborowa oder Zubrowka, liegen bei Agros, das heute als Firma an der Warschauer Börse eingetragen ist.

Werbung für Polmos Krakau, einen von 25 Polmos-Betrieben in Staatsbesitz.

Daher kamen zahlreiche Polmos-Betriebe mit eigenen Marken auf den Markt. Die Nobelbrände darunter zeichnen sich durch gute Qualität aus, sind aufwendig verpackt und kosten ihren Preis, wie der Premium von Polmos Posen, der Królewska von Polmos Zielona Góra oder der Fiddler von Polmos Krakau. Man schätzt, daß sich heute über tausend polnische Wodkamarken Konkurrenz machen.

Die Spitzenmarken könnten durchaus ein Renommée gewinnen, wie der Malt unter den Whisky-Sorten, und sie haben der polnischen Wirtschaft neue, höchst willkommene Dimensionen eröffnet. Daneben sind interessante aromatisierte Wodkas erhältlich, so der halbsüße Wísniówka (Kirschgeschmack) und der Jarzębiak (Vogelbeeraroma). Eine bekannte Spezialität ist auch der Zubrowka mit einem Halm vom Bison- oder Mariengras. Und mit dem Wyborowa – angeblich der meistver- kaufte Wodka der Welt – hat Polen ein Aushängeschild für Qualität und Charakter seiner Wodkas auf dem internationalen Markt.

Zubrowka ist einer der Nobelbrände der polnischen Wodkaindustrie.

Finnland

Vermutlich brachten Söldner, die vom Kriegsdienst an fernen Schauplätzen heimkehrten, das Geheimnis des Wodkabrennens im 16. Jahrhundert nach Finnland. Die natürlichen Ressourcen des Landes – schier unerschöpfliche Mengen reinsten Süßwassers und ein florierender Getreideanbau – begünstigten eine frühe Blüte des Brennereigewerbes. Die Finnen gewöhnten sich so schnell an den Wodka, daß er bereits nach hundert Jahren dem alten Nationalgetränk Bier den Rang abgelaufen hatte. Meist stellten ihn Privatleute in kleinen Kupferdestillen her, und diese Tätigkeit wurde schließlich zu einem Charakteristikum finnischer Lebensart.

Aufgrund einer Mißernte wurde 1756 das Brennen von Getreideschnaps verboten. Damals waren die Finnen Untertanen der schwedischen Krone, die sich auch das Brennprivileg aneignete und nun zahlreiche königliche Brennereien im Land errichten ließ.

In den achtziger Jahren des 19. Jahrhunderts setzte wiederum ein Materialengpaß den nächsten Entwicklungsschub in Gang: Der einzige einheimische Hefeproduzent war außerstande, den Bedarf der expandierenden Wodkaindustrie zu decken, und so plante man den Bau einer zweiten Fabrik. Als Standort wählte man den unweit der Hauptstadt Helsinki gelegenen Herrensitz Rajamäki, der 1888 die Produktion aufnahm. Man hatte hier besonders reines Wasser aus eigener Quelle zur Verfügung, und so lag es nahe, auch andere Spirituosen herzustellen. Bis zur Jahrhundertwende stieg Rajamäki zur größten der 27 finnischen Brennereien auf und war zudem der bestausgestattete und modernste Betrieb, dessen technische Ausrüstung teilweise aus Deutschland stammte.

Die Brennerei im finnischen Rajamäki in den dreißiger Jahren.

Der Erste Weltkrieg sorgte jedoch für eine Zäsur: Rajamäki stellte nun ausschließlich Industriegüter wie Äther her, der damals als Narkosemittel diente. Während der anschließenden Alkoholprohibition von 1919 bis 1932 stellte man sich vornehmlich auf die Produktion alkoholhaltiger Toilettenartikel um. 1920 wurde Rajamäki verstaatlicht (»Staatliches Alkoholzentrum«) und in den dreißiger Jahren umfassend erweitert und modernisiert. 1935 nahm man den Brennereibetrieb wieder auf und gab 1937 eine komplett neue Anlage in Auftrag.

Während des Zweiten Weltkriegs wurde das Produktionsvolumen an Wodka erneut reduziert, man stellte Molotowcocktails zur Panzerabwehr her und schließlich reinen Alkohol, der zu Kraftstoff für Militärfahrzeuge weiterverarbeitet wurde.

Nach dem Krieg wurde wieder Wodka gebrannt, und 1952 begann man mit der regulären Produktion von Spirituosen in einem Fabrikgelände, das sich seit Ende der vierziger Jahre weiter vergrößert hatte. Während der folgenden drei Jahrzehnte investierte der finnische Staat beträchtliche Summen in die einheimische Wodkaindustrie, die sich am Ende zu den modernsten der Welt rechnen konnte. Die in Rajamäki und Koskenkorva entwickelte Technologie wurde in zahlreiche andere Länder exportiert, darunter Schottland, Korea und Indien.

Aus Rationalisierungsgründen verlegte man in den achtziger Jahren die gesamte nationale Wodkaproduktion in das günstig am Rande des

Unten: Rajamäki. Die Stadt liegt etwa 45 km von Helsinki entfernt und entwickelte sich Ende des 19. Jahrhunderts zum Zentrum der finnischen Wodkaindustrie.

finnischen Getreidegürtels gelegene Koskenkorva. Rajamäki verblieb der Status einer der ältesten Brennereien der westlichen Welt, doch die Produktion beschränkt sich hier mittlerweile auf Industriealkohol und aromatisierte Spirituosen, wie Gin. Außerdem wird hier der in Koskenkorva gebrannte Wodka verdünnt, abgefüllt und verladen.

Unter den finnischen Wodkas verdienen vor allem die zwei Spitzenmarken Erwähnung, die bereits seit Beginn der fünfziger Jahre als Qualitätsprodukte ein Begriff sind: Der Koskenkorva Viina (finnisch = Branntwein), leicht mit Zucker versetzt und daher von weichem Abgang, sowie der klare und reine Koskenkorva Wodka, der führend auf dem Binnenmarkt wurde. Der ebenfalls sehr gute Finlandia ist hingegen eher ein Exportartikel und seit 1970 im Welthandel präsent. Rund vier Millionen Kisten dieser Marken gehen derzeit jährlich über den Ladentisch – somit ist Finnland einer der größten Wodkaproduzenten der Welt.

Finlandia, eine der führenden finnischen Wodkamarken, wird hauptsächlich exportiert.

Schweden

Die Flaschenform des Absolut geht auf die alten schwedischen Medizinflaschen zurück. Die Marke wurde 1871 von Lars Olsson Smith auf den Markt gebracht.

Die Ära des *brännvin* (Branntwein) begann in Schweden im Laufe des 15. Jahrhunderts. Zunächst verwendete man tatsächlich Wein und nicht Getreide als Ausgangsprodukt, und somit zählte höherprozentiger Alkohol zu den Luxusgütern. Er fand vorrangig Verwendung im medizinischen Bereich und der Herstellung von Schießpulver – und die politische Führung des Landes erkannte bald, welche Gefahr der letztere Umstand barg: Ein Erlaß des Stadtrates von Stockholm aus dem Jahre 1476 bedrohte den Verkauf von Alkohol ohne entsprechende Lizenz mit der Beschlagnahmung von Ware und Destillationsgerätschaften.

Im 16. Jahrhundert konnte man Alkohol in Stockholm vielerorts in Form von Weinbrand erwerben, er blieb indes weiterhin ein Luxusartikel. Erst die Umstellung auf Getreide als Grundstoff und Fortschritte in der Destillationstechnik bewirkten, daß Branntwein preiswert in großen Mengen hergestellt wurde. Bereits im 17. Jahrhundert stieg er in den Rang eines Nationalgetränkes auf, und auch auf dem Land waren nun zahlreiche Produktionsstätten zu finden.

Unter der Regentschaft der legendären Königin Kristina (1644–1654) wurde eine Branntweinsteuer eingeführt; außerdem garantierte man den Wirten das exklusive Vertriebsrecht von Bier und *brännvin* in ihrer näheren Umgebung. Daraufhin schossen die Schnapskneipen wie Pilze aus dem Boden, und der Verbrauch nahm bald ein beunruhigendes Ausmaß an. »Soldaten und Bauern werden zum Alkoholkonsum verführt, verspielen auf diese Weise Gesundheit und Wohlergehen und vernachlässigen Feldarbeit und Dienst« – so der Gouverneur von Nordschweden in einem Bericht aus dem Jahre 1683.

Angesichts aufrührerischer Tendenzen in der Bauernschaft wurde das Schnapsbrennen zeitweise mit einem Verbot belegt, das sich auf Dauer jedoch nicht durchsetzen ließ. Von 1775 an versuchte König Gustav III. sogar ein System staatlicher Destillerien einzurichten, die Schwarzbrennerei trieb jedoch solche Blüten, daß man das Projekt bereits 1787 wieder fallenließ.

In der Zwischenzeit hatte sich die Destillationstechnologie ständig verbessert. In den neunziger Jahren des 18. Jahrhunderts verwendete

Brennen von Wodka in einem schwedischen Bauernhaus, um 1830.

man als Ausgangsprodukt erstmals Kartoffeln, weil sie billiger waren als Weizen. Im folgenden Jahrzehnt wurde die Destillationsapparatur von J. Fr. Dorn eingeführt. Sie bestand aus Destilliergerät, Maischeerhitzer, Rektifizierer und Kondensator und erlaubte die Herstellung sechzigprozentigen Alkohols in einem einzigen Durchgang. Die entscheidende Innovation aber folgte in den zwanziger Jahren: Pictorius' Dephlegmator mit wassergekühlten Pfannen. Damit konnte man dem Dampf aus dem Destilliergerät mehr Fremdsubstanzen entziehen und einen Wodka von 80 %vol gewinnen.

Infolge dieser technischen Neuerung stieg das nationale Produktionsvolumen kontinuierlich, während viele Brennereien ihre Tore schlossen. Nach offiziellen Schätzungen existierten in Schweden 1786 rund 180 000 Brennereien, also kam eine auf jeden zehnten Einwohner. In den siebziger Jahren des 19. Jahrhunderts war ihre Zahl auf 3481 gesunken, weitere zehn Jahre später auf 564. Die Ausstoßmenge wuchs im selben Zeitraum von 24 auf 43 Millionen Liter.

Im selben Zuge nahm leider auch die Trunksucht zu, was folgerichtig rigorose Gegner des Alkohols auf den Plan rief. 1837 wurde die Schwedische Temperenzler-Gesellschaft gegründet, und innerhalb zweier Jahrzehnte gewann sie so starken politischen Einfluß, daß das Hausbranntrecht zunächst eingeschränkt und 1860 ganz aufgehoben wurde.

Das Bedürfnis nach staatlicher Kontrolle verschaffte sich auch in anderen Zweigen des Wodkageschäftes Geltung. In Falun entstand 1849 die erste *Brännvin*-Gesellschaft mit ausschließlichem Ausschank- und Verkaufsrecht von Wodka in den eigenen Restaurants. Dasselbe Privileg erhielt 1865 die Gesellschaft Utskänkningsaktiebolag für Göteborg, 1877 gefolgt von der Utskänkningsbolag in Stockholm. Ihre Maximen hießen Nüchternheit, Anstand und bessere Lebensbedingungen für die Bevölkerung, und entsprechend streng waren ihre Bestimmungen. Wodka servierte man den Gästen nur zu einer Mahlzeit. 1905 wurden die *Brännvin*-Gesellschaf-

Lars Olsson Smith, eine der großen Persönlichkeiten der schwedischen Branntweinindustrie.

ten mit Exklusivrechten ausgestattet, und 50 Jahre später schlossen sie sich zu einem nationalen Handelsmonopol (Systembolaget) zusammen, das heute noch existiert.

1871 führte Lars Olsson Smith, der schon in frühester Jugend ein Drittel der gesamten schwedischen Wodkaproduktion kontrollierte, in seiner Fabrik auf der Insel Reimersholm das Rektifizierverfahren ein und brachte sechs Jahre später den Absolut Renadt Brännvin (Absolut Reinen Branntwein) auf den Markt. Dem soeben gegründeten Stockholmer Utskänkningsbolag bot er diesen Wodka unter der Bedingung des Exklusivlieferungsrechtes an, stieß aber auf Ablehnung und eröffnete nun seinen eigenen Laden auf Reimersholm. Der kostenlose Schiffstransfer und ein preiswerter Wodka von ausgezeichneter Qualität zogen die Kunden in Scharen an, und so blieb dem Utskänkningsbolag nichts anderes übrig, als klein beizugeben und Smiths Bedingungen zu akzeptieren.

Smith, der 1913 starb, lenkte mit recht wechselndem Erfolg die Schicksale seines Unternehmens und focht noch so manchen Strauß mit den Behörden aus. Im Grunde aber hatte er sich gegen den Trend der Zeit gestellt. Die Temperenzlerbewegung fand starken Widerhall in der Bevölkerung, und im selben Maße wuchs ihr politisches Gewicht. 1910 übernahm die Regierung die Aufsicht über den gesamten Handel mit Alkoholika, und 1914 wurde die Abgabe rationiert. 1917 erwarb die staatliche Branntweingesellschaft die größte Rektifizieranlage des Landes und

Das Firmenzeichen des schwedischen Vin & Sprit.

brachte hierdurch die Produktion unter ihre Kontrolle. Im selben Jahr wurde auch die schwedische Wein- und Branntwein-Vereinigung gegründet (V&S), so daß ein Regierungsmonopol auf Herstellung, Handel und Import aller alkoholischen Getränke entstand. In einem Referendum sprach sich die Öffentlichkeit mit knapper Mehrheit gegen eine Prohibition aus, die Rationierung wurde indes erst 1955 abgeschafft.

Das staatliche Produktionsmonopol ist noch heute in Kraft, und V&S betreibt mehrere Brennereien im Land. In den Export gelangt hiervon kaum etwas, und das Renommee des schwedischen Wodka beruht ausschließlich auf der Marke Absolut, von der jährlich weltweit sechs Millionen Kisten verkauft werden. In der Fabrik im südschwedischen Åhus bedient man sich noch weitgehend der Methoden, die Smith seinerzeit entwickelt hatte. Jede Flasche ziert ein Medaillon mit dem alten »Wodkakönig«, in Anerkennung seiner Verdienste um die einheimische Wodkaindustrie.

Westeuropa

Ähnlich wie im Osten lassen sich auch in den westlichen Ländern die Anfänge der Wodkadestillation nicht präzise datieren. Einerseits blickt man hier auf eine lange Tradition der Getreideschnapsbrennerei zurück, andererseits existiert eine Vielzahl der Wodkamarken erst seit wenigen Jahrzehnten – ein Indiz für die seit den sechziger Jahren stetig wachsende Popularität dieses Branntweins diesseits des ehemaligen »Eisernen Vorhangs«.

Die Kunst der Destillation beherrschte man in Westeuropa sicherlich sogar früher als in Polen oder Rußland. Das beweisen unter anderem die Relikte eines wassergekühlten Destilliergerätes aus dem 14. Jahrhundert, das man bei Ausgrabungen im dänischen Björkjaer fand. Da als Grundstoff wohl ausschließlich Getreide zur Verfügung stand, kann man davon ausgehen, daß sich dieser Schnaps vom Wodka nicht wesentlich unterschied. Bereits im 15. Jahrhundert war die Aquavit-Erzeugung in Dänemark eine feste Einrichtung. Dieser klare Branntwein wurde mit Kräutern oder anderen Pflanzen versetzt und war somit den osteuropäischen Produkten dieser Zeit recht ähnlich.

Auch in den Niederlanden kannte man die Destillation schon sehr früh. Man nimmt hier für sich in Anspruch, als erste Weinbrand aus südfranzösischem Wein hergestellt zu haben, und Ende des 16. Jahrhunderts lernten englische Soldaten hier einen aus Weizen gebrannten Schnaps kennen, den Jenever – als »Gin« wurde er künftig auch in ihrer Heimat ein Begriff. Zar Peter I., der sich zeitweise in den Niederlanden aufhielt, soll von der Qualität des dortigen Branntweins so beeindruckt gewesen sein, daß er das Rezept 1679 mit nach Rußland brachte. Im Deutschland des 16. Jahrhunderts konsumierte man gleichfalls klare Brände aus Weizen, später auch aus Kartoffeln und Melasse. Ein klarer und absolut reiner Wodka osteuropäischen Stils wurde aber wohl erst im 19. Jahrhundert erzeugt. 1888 begann

Originalflasche des Royalty-Wodka.

Porträt Hero Jan
Hooghoudts als
Plakette auf einer
Wodkaflasche.

Hero Jan Hooghoudt im nordholländischen Groningen mit der Produktion des Royalty, eines klaren, reinen Weizenbrandes. Beträchtlichen Auftrieb erfuhr die Wodkaproduktion später durch russische Emigranten nach der Oktoberrevolution 1917. So führte die lettische Familie Wolfschmidt ihre Wodkaherstellung zunächst in den Niederlanden fort, bevor sie in die USA auswanderte. Die Gorbatschows aus St. Petersburg wiederum errichteten 1921 eine Brennerei in Berlin, wo sich inzwischen Hunderttausende ihrer Landsleute niedergelassen hatten.

Im Westen bevorzugte man allerdings weiterhin die traditionellen einheimischen Alkoholika, wie Aquavit oder Gin. Die heute auch international bekannten Marken kamen erst ab Mitte der sechziger Jahre auf den Markt, und im Zuge steigender Nachfrage nahm nahezu jede angesehene europäische Brennerei einen eigenen Hauswodka ins Programm.

Im Gegensatz zu Osteuropa profitiert man im Westen nicht von einer jahrhundertealten Wodkatradition, kann sich jedoch auf einschlägige Erfahrung im Destillieren anderer klarer Branntweine stützen. Destillateure von Jenever oder Aquavit (oder auch Whisky!) verwenden gleichfalls hochwertiges Getreide, und man hat hier weit mehr in die Technologie investiert als im Osten. Daher gibt es viele europäische Wodkas von hervorragender Qualität.

Ganz wie ihre US-amerikanischen Kollegen gelten westeuropäischen Wodkaerzeugern Reinheit, Unverfälschtheit und Milde als wichtigste Kriterien, weshalb die Mehrzahl der Produkte von eher neutralem Geschmack ist. Allein die verschiedenen Grundstoffe (Weizen, Kartoffeln, Melasse etc.) sorgen indes für eine Vielzahl von Geschmacksnuancen, die zu erforschen sich allemal lohnt. Und, seien Sie gewarnt: Auch hinsichtlich der Qualität ist die Spannweite recht groß.

Royalty-Wodka im neuen Design.

USA

D ie Vereinigten Staaten von Amerika sind heute der zweitgrößte Wodkamarkt der Welt – nach Rußland. Die Produktion steckt jedoch im Vergleich zu Polen oder Rußland noch in den Kinderschuhen. Den ersten einheimischen Wodka gab es in den dreißiger Jahren des 20. Jahrhunderts, und wirklich populär wurde das Getränk hier erst in den Sechzigern.

Die Einführung des Wodkas in die USA ist angeblich der 1847 in Riga gegründeten Firma Wolfschmidt zu verdanken. Einst Hoflieferanten der Zaren, mußten die Eigentümer nach der Oktoberrevolution ins Ausland fliehen. Sie produzierten zunächst in den Niederlanden weiter und gingen schließlich nach Amerika. Heute untersteht die Marke dem Großkonzern American Brands Inc., der auch den bekannten Bourbon-Whisky Jim Beam herstellt.

Rudolph Kunett, der 1934 die erste Wodkabrennerei in den USA gründete.

Den Anspruch, Vater des amerikanischen Wodka gewesen zu sein, kann indes ein anderer russischer Emigrant für sich reklamieren: Rudolph Kunett. Die Kunetts waren eine Getreidehändlerfamilie, und ihre Hauptabnehmer waren die Smirnows, um die Jahrhundertwende die wohl führenden Wodkaproduzenten in Rußland. Kunett entfloh den Revolutionswirren, ging in die USA und wurde dort Verkaufsleiter der Kosmetikfirma Helena Rubinstein.

Zu Beginn der dreißiger Jahre traf er in Paris seinen ehemaligen Kunden Wladimir Smirnow, der ebenfalls ausgewandert war und inzwischen wieder vermögend genug, um wieder eine Produktion aufziehen zu können. Im Glauben, daß sich die Amerikaner nach dem Ende der Prohibition (1920–1933) lebhaft für Wodka interessieren könnten, überredete Kunett seinen Landsmann zu einem Deal, der für ihn persönlich unter keinem guten Stern stehen sollte: Er erwarb das Geheimrezept und die Produktionslizenz für die USA. 1934 eröffnete er die erste Wodkabrennerei jenseits des Atlantik im zweiten Stock des Vaghi Woodwork Buildings im Zentrum von Bethel (Connecticut), einer Gegend mit hohem polnisch- und russischstämmigen Bevölkerungsanteil.

Kunetts Initiative kam allerdings um Jahrzehnte zu früh, und sein Optimismus wurde bitter enttäuscht. Zu Spitzenzeiten hatte das Unter-

nehmen gerade einmal acht Angestellte und ein jährliches Produktionsvolumen von 6000 Kisten. Die Mehrzahl wurde unter dem – in der
Schreibweise nun der amerikanischen Phonetik angeglichenen – Namen
»Smirnoff« abgesetzt, im Hinblick auf potentielle polnische Kundschaft
stellte man auch einen »Zubrowka« her. 1939 verkaufte Kunett die Firma
an Heublein in Hartford (Connecticut), einen Erzeuger und Vertreiber
von Wein, Spirituosen und Fertigcocktails – gegen eine Anstellung und
14 000 Dollar. Das war eine erkleckliche Summe, um so mehr, wenn man
sich vor Augen hält, daß Wodka damals in den Staaten ein klägliches
Schattendasein führte.

Was John G. Martin, den Eigentümer von Heublein, zu diesem Schritt
bewog, bleibt sein Geheimnis. Einen bescheidenen Erfolg konnte er jedenfalls erst in den fünfziger Jahren verbuchen. Gemeinschaftlich mit seinem Freund Jack Martin, einem
Erzeuger von Ginger Ale und Besitzer des Restaurants »Cock 'n'-
Bull« in Los Angeles, erfand er
einen Cocktail namens »Moscow
Mule« (Moskauer Dickschädel),
der anfangs in einem Kupferbe-
cher serviert wurde: Wodka, Ginger Ale und Zitronensaft. Durch
geschickte Werbestrategie wurde
er zu einem Verkaufsschlager,
und gegen Ende der Fünfziger
versuchten andere Destillateure
an der Popularität des Wodka zu
partizipieren. Neue Marken, wie
der Gordon's, eine Wodkaversion
des berühmten London Dry Gin,
kamen auf den Markt.

Woody Allen in einer Werbeanzeige für
Smirnoff, die den legendären Cocktail
»Moscow Mule« anpreist.

Der eigentliche Boom begann
schließlich in den frühen sechziger Jahren. 1975 produzierte Heublein
bereits sechs Millionen Kisten Smirnoff, heute werden jährlich weltweit
15 Millionen verkauft. Smirnoff-Wodka wird in verschiedenen Ländern
erzeugt, darunter auch in Rußland, seiner alten Heimat.

Mittlerweile stellen auch andere amerikanische Firmen große Mengen an Wodka her, und einige der bedeutendsten haben sich nahe des
Getreidegürtels im Mittleren Westen der USA angesiedelt. McCormick
(Missouri) produziert jährlich über eineinhalb Millionen Kisten, und
allein im Staat Illinois gibt es drei weitere Branchenriesen: Barton Brands
(circa eine Million), die Distillers Company (zwei Millionen Gordon's

Wodka) und American Brands (je eine Million Kisten Wolfschmidt und Kamchatka). Die gute Qualität beruht hier sowohl auf dem hochwertigen Getreide, das man verwendet, als auch auf dem Einsatz modernster Destillationstechnologie. In den USA verdankt der Wodka seine große Anziehungskraft in erster Linie der Tatsache, daß er völlig neutral riecht und schmeckt, also eine ideale Basis für Cocktails darstellt. Eben darauf zielte auch John Martins erste Smirnoff-Werbung ab: Er nannte ihn »White Whisky« und kreierte den Slogan »No taste. No smell«.

Amerikanische Wodkas unterscheiden sich also von ihren polnischen und russischen Pendants. Erwarten Sie nicht zuviel Charakter von ihnen, denn alle Fremdstoffe werden bei der Destillation und Filtration entfernt. Man beurteilt sie nach dem Grad ihrer Reinheit, Unverfälschtheit und Neutralität. Und mild sollten sie eigentlich alle sein, aber hier sind erhebliche Unterschiede zu verzeichnen. Die besten Sorten kann man zur Not eisgekühlt auch pur trinken, die meisten jedoch sollten geradewegs in den Cocktail-Shaker wandern.

Mehrere Wodkaproduzenten der USA siedelten sich am Getreidegürtel des Mittleren Westens an. Barton produziert jährlich über eine Million Kisten in Illinois.

Aromatisierte Wodkas

Gefärbter Wodka und geschminkte Mädchen taugen nichts.
— ALTES POLNISCHES SPRICHWORT

Wodka zu aromatisieren ist eine jahrhundertelang geübte Praxis.

Das Aromatisieren von Wodka ist vermutlich von Anbeginn praktiziert worden. Wie viele andere Spirituosen spielte auch der Wodka zunächst eher im medizinisch-pharmazeutischen Bereich eine Rolle, bevor er als Genußmittel gebräuchlich wurde. Man versetzte ihn gerne mit Heilkräutern und Gewürzen und bewahrte ihn im Arzneischrank auf.

Als er schließlich auch als Trinkbranntwein Gefallen fand, behielt man die Gewohnheit des Aromatisierens bei und verwendete hierfür Beeren, Pfeffer und sogar Tabak. Das überdeckte den oft penetranten Beigeschmack, denn die Brennmethoden waren noch recht unvollkommen – man beschränkte sich auf einen einzigen Destillationslauf. Und auch die Filtermethoden waren noch sehr unzulänglich. Der Brand enthielt demnach viele Fremdstoffe.

In Polen und Rußland entwickelte sich das Aromatisieren zu einer eigenständigen Tradition, insbesondere seit der Einführung des Branntweinprivilegs für den Landadel. Diese wohlhabenden Großgrundbesitzer

Wisniówka, der beliebte polnische Kirschwodka, besitzt eine schöne tiefdunkle Farbe.

scheuten keine Kosten, wenn es darum ging, sich selbst und ihre Gäste mit einem guten Tropfen zu verwöhnen. Ihnen standen die Erzeugnisse des eigenen Grund und Bodens zur Verfügung, wie Früchte und Beeren, und sie konnten es sich leisten, Gewürze aus fernen Ländern zu kaufen.

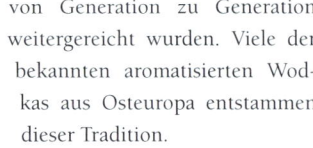

Daher versetzten sie gewöhnlich ihren Wodka mit erstklassigen Zutaten und entwickelten raffinierte Rezepte, die von Generation zu Generation weitergereicht wurden. Viele der bekannten aromatisierten Wodkas aus Osteuropa entstammen dieser Tradition.

Heute werden die aromatisierten Sorten industriell hergestellt und sind so beliebt geworden, daß sie nur bei wenigen Firmen in der Angebotspalette fehlen, und für

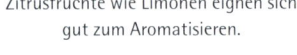
Zitrusfrüchte wie Limonen eignen sich gut zum Aromatisieren.

ihre Herstellung sind eigens neue Techniken entwickelt worden.

Die wenigsten Erzeuger sind bereit, exakte Rezepturen preiszugeben, betonen aber, daß sie nur natürliche Stoffe verwenden und somit die in den meisten Ländern gültigen strengen Auflagen für den Gebrauch künstlicher Aromastoffe einhalten. Wie auch immer, die Aufbereitung der Zutaten ist ein höchst komplizierter Vorgang.

Das Problem besteht in erster Linie darin, daß Ingredienzien wie Obst Substanzen enthalten, die unweigerlich zu Verfärbungen und unangenehmem Beigeschmack führen. Frische Früchte enthalten zum Beispiel Pektin, Säuren und Feststoffe, die den Wodka trüb, bräunlich und bitter werden lassen. Die Kunst des Herstellens liegt darin, diese Elemente auszuscheiden und nur jene zu erhalten, die dem Wodka eine angenehm fruchtige Note verleihen. Meist bedient man sich daher natürlicher Essenzen, Konzentrate oder reiner Öle, die aus den Schalen gewonnen werden, und setzt sie erst nach der Destillation zu. Gewöhnlich mischt man

Zitronenwodka kann man sich auch selbst zubereiten

mehrere Fruchtaromen. So verdankt ein Zitronenwodka seinen typischen Geschmack zwar hauptsächlich Zitronen, aber auch anderen Früchten, meist Limonen, die das Basisaroma noch hervorheben oder durch andere Nuancen ergänzen. Das hört sich alles sehr eindrucksvoll an. Aber wie sieht es damit in der Praxis aus?

Meiner Ansicht nach müssen die Aromatisierungsverfahren noch erheblich verbessert werden. Bei Zitrusfrüchten scheinen sie bereits recht ausgereift zu sein, es gibt einige recht gute Zitronen-, Limonen- und Orangenwodkas. Von anderen Geschmacksrichtungen kann man das nicht unbedingt sagen. Manche Schwarze-Johannisbeer-Wodkas riechen zwar echt, schmecken aber absolut künstlich und unangenehm.

Darüber hinaus sehe ich keinen Sinn darin, aromatisierte Wodkas zu kaufen, wenn ich auch frische Früchte bekommen kann. Wollen Sie einen Wodka-Zitrone trinken, geben Sie einfach etwas frischgepreßten Zitronensaft dazu. Geht es Ihnen um Pfirsichgeschmack, legen Sie die Früchte für einige Tage in Wodka ein. Da man in der Regel nur kleine Mengen verwendet, ist es eigentlich ganz einfach, aromatisierten Wodka für den Hausgebrauch selbst herzustellen.

Die industrielle Herstellung aromatisierter Wodkas ist meiner Ansicht nach nur gerechtfertigt, wenn die Ingredienzien schwer erhältlich sind oder sie nach komplizierten Rezepten zubereitet werden. Das trifft vor allem für die traditionellen osteuropäischen Aromawodkas zu: Man kann sie nicht einfach kopieren. Im Markenteil des Buches finden Sie einige dieser exquisiten Sorten: der polnischen Jarzębiak mit Vogelbeergeschmack oder den russischen Okhotnichya, der elf verschiedene Zutaten enthält, darunter Ingwer, Wacholder, Fingerkraut und Geißfußwurzeln – abgerundet mit etwas portweinartigem Weißwein, der ihm eine gewisse Süße verleiht.

Diese geschmacksintensiven Wodkas sollte man eisgekühlt und pur trinken. Sie sind vielleicht nicht jedermanns Geschmack, aber sie sind schon etwas Besonderes, und den Trinkgenuß begleitet das Gefühl, daß das Glas einige Tropfen einer jahrhundertealten Tradition birgt.

Die polnische Marke Jarzębiak wird mit
Vogelbeeren aromatisiert.

AROMATISIEREN LEICHT GEMACHT

Mögen Sie aromatisierte Wodkas, versuchen Sie doch zum Hausgebrauch Ihren eigenen herzustellen.

Beginnen Sie mit etwas Einfachem. Schälen Sie einige Pfirsiche – schöne, reife Früchte (keine Dosenfrüchte verwenden) – und schneiden Sie sie in kleine Stücke. Geben Sie diese in eine saubere Flasche, und gießen Sie den Wodka darauf. Ich empfehle auf einen Dreiviertelliter zwei Pfirsiche; soll der Geschmack intensiver werden, gegebenenfalls auch mehr. Nach drei bis vier Tagen hat der Wodka das Pfirsicharoma angenommen. Möchten Sie keine Fruchtfleischpartikel im fertigen Getränk, seihen Sie die Flüssigkeit durch ein sauberes Tuch. Selbstverständlich eignen sich auch andere Früchte, zum Beispiel Ananas. Wer es gerne scharf mag, kann sorgfältig gewaschene ganze Chilischoten verwenden. Sie müssen allerdings etwas länger im Wodka ziehen, weil sie ihr Aroma zögerlicher abgeben.

Für raffiniertere Varianten ist der mehrmals erwähnte Viljam Pochlebkin ein idealer Gewährsmann. Seiner Meinung nach evoziert das folgende Rezept den authentischen Geschmack aromatisierter Wodkas, wie man sie im Rußland des 18. Jahrhunderts genoß …

Geben Sie jeweils eine kleine Menge Zitronat, Orangeat (von Pomeranzen) und Johanniskraut in drei verschiedene Flaschen eines guten, klaren Wodkas. Soll die Farbe sehr dunkel werden, dosieren Sie die Zutaten etwas reichlicher. Verschließen Sie die Flaschen sorgfältig, und lassen Sie sie eine Woche bis zehn Tage lang stehen.

Das Ergebnis sind drei verschiedenfarbige Wodkas: Das Johanniskraut färbt ihn blaßgrün, das Zitronat gelb, und das Orangeat verleiht ihm einen Karmesinton. »Zusammen mit kleinen Leckereien ergibt das auf der Tafel ein einzigartiges Stilleben in leuchtenden Farben, das ästhetisch auch den anspruchsvollsten Geschmack befriedigt«, schließt Pochlebkin. »Das Aroma dieser edlen Tropfen läßt sich kaum treffend beschreiben – man muß sich selbst seinen ganz individuellen Eindruck verschaffen, denn keine Sprache, nicht einmal das Russische, hält dafür wirklich passende Worte bereit.«

Essenzen verschiedener Obstsorten
bereichern die Palette aromatisierter Wodkas.

Wie man Wodka serviert und trinkt

Im Westen gilt Wodka vornehmlich als neutraler Branntwein zum Mixen mit Säften und als Basis für Cocktails. In Osteuropa und den skandinavischen Ländern weiß man es besser. Dort wird Wodka pur und gewöhnlich eisgekühlt aus kleinen Gläsern getrunken und begleitet häufig auch die Mahlzeiten.

Vielleicht bevorzugt man dort aus diesem Grunde Wodkas von intensiverem Geschmack, während bei uns Reinheit und Neutralität obenan stehen. Dennoch gibt es auch hier qualitativ hervorragende Wodkas, die man gleichfalls pur trinken sollte. Ein eisgekühlter Frïs (der fast gefroren getrunken werden sollte) und auch Royalty oder Sterling sind wunderbare Branntweine.

Frïs Skandia trinkt man fast gefroren.
Auch andere westliche Wodkas von hoher Qualität sollte man pur genießen.

Wollen Sie Wodka »professionell« verkosten, gehen Sie am besten so vor, wie ich es auf Seite 55 beschrieben habe. Jede Unreinheit macht sich sofort bemerkbar. So steigt bei schlecht destilliertem Wodka oftmals der Geruch von Kohl, Toffees oder Brühwürfeln in die Nase (siehe Tabelle Seite 56). Achten Sie auch auf Spuren von Zitrone oder anderen Zitrusfrüchten. Gelegentlich werden Essenzen hiervon in kleinen Mengen zugesetzt, um unangenehme Gerüche, die von schlechter Destillation oder Rektifikation herrühren, zu kaschieren.

Erscheint Ihnen diese Prozedur zu aufwendig, vielleicht, weil Sie Wodka ohnehin nur zum Mixen benutzen, so bedenken Sie, daß Wodka der Branntwein ist, von dem weltweit die größten Mengen produziert werden. Und darunter findet man viele Marken, sogar bekannte, die sich qualitativ auf weniger ansprechendem Niveau bewegen, als es eigentlich wünschenswert ist – meist, weil an irgendeiner Ecke gespart wurde.

Selbst wenn Sie zum reinen Vergnügen Wodka trinken – greifen Sie stets zu einem passenden Glas. Kleine, schwere Gläser ohne Stiel sind sehr beliebt und lassen sich leicht im Eisfach kühlen. Sie haben jedoch den Nachteil, daß die Wärme der Hand auch die Temperatur des Wodkas heraufsetzt. Daher nehmen Sie besser klare Gläser mit Stiel, die ungefähr einen Zehntelliter fassen. In Rußland bevorzugt man lange, dünne *stopkis,* die Champagnerflöten gleichen, in Polen kleine pokalähnliche. Außerdem serviert man das »Wässerchen« hier lieber aus einer Glaskaraffe als aus der Flasche. In jedem Fall sollten die Gläser nicht bis zum Rand, sondern nur zu zwei Dritteln gefüllt werden.

Kühlen Sie die Gläser im Gefrierfach, bis sie beschlagen, ebenso Karaffe und Flasche. Manche Wodkasorten gefrieren schnell, nehmen Sie die Flasche also rechtzeitig wieder heraus; es reicht, wenn sie gut gekühlt ist. Von den feineren Aromen werden Sie zunächst wenig schmecken, da sie sich aufgrund der niedrigen Temperatur nicht entfalten können. Das ändert sich aber, während Sie trinken. Riechen Sie also jedesmal kurz am Wodka, wenn Sie einen Schluck nehmen – ebenso, wie Sie es vielleicht vom Wein her kennen. Die Aromen und Geschmacksnuancen zu erspüren, die sich allmählich im Glas entwickeln, gehört zu den schönsten Wodka-Vergnügen.

Es lohnt sich auch, einen Wodka gründlich »in Augenschein« zu nehmen, bevor man ihn mit Nase und Mund prüft. Er sollte hell und kristallklar sein und keine Verfärbung aufweisen. Vor allem die osteuropäischen sind zuweilen von relativ zähflüssiger und dichter Konsistenz: Das deutet darauf hin, daß noch Fuselöle enthalten sind oder etwas Glyzerin beigemischt wurde, um ihnen mehr Volumen am Gaumen zu verleihen und sie öliger und kompakter erscheinen zu lassen. Auf diese Weise mindert man oftmals auch die leichte Schärfe des Alkohols.

DAS VERKOSTEN VON WODKA

1 Prüfen Sie zuerst das Aussehen des Wodkas, bevor Sie Nase und Zunge einsetzen: Er sollte kristallklar sein.

2 Lassen Sie einen Schluck über die Zunge gleiten, so daß sich der Geschmack entwickeln kann.

3 Lassen Sie etwas Luft daran, damit sich die einzelnen Geruchs- und Geschmacksnoten entfalten.

4 Schlucken Sie, und achten Sie auf den Abgang – die Verweildauer des Geschmacks im Mund.

FREMDSTOFFE

In schlecht gebranntem Wodka findet man immer wieder Fremdstoffe, die man an ihrem charakteristischen Geruch erkennt:

Acrylaldehyyd	scharf, beißend und stechend
Benzpyrene	fleischähnlich, wie Brühwürfel
Dimethylthiazole	wie gekochter Kohl, muffig
Ester	süß, fruchtig, auch kaugummiähnlich
Pentanol	leicht nach Nagellackentferner
Acetale	wie grüne Äpfel
Diacetyl	süß, butterig oder toffeeartig
Methylthiazole	nach Katzenurin, sehr unangenehm
Ketone (ungesättigte)	parfümartig, schwer, süßlich

ALKOHOLGEHALT

In Europa mißt man den Alkoholgehalt in Prozentanteilen, berechnet
auf das Gesamtvolumen (%vol) bei 20° C. In den USA dagegen
gilt noch das »Proof-System«. 100° Proof entsprechen 50 %vol Alkohol,
80° Proof 40 %vol.

INFO-KÄSTEN

Die **Grunddaten** geben Auskunft über den Erzeuger, den Standort der
Brennerei oder Rektifizieranlage, die geschätzten jährlichen Produk-
tions- und Verkaufszahlen sowie die verschiedenen Alkoholstärken, in
denen der Wodka angeboten wird. Unter **Geschmacksnoten** gebe ich
mein ganz persönliches Urteil über die jeweilige Probe ab, die mir zur
Verfügung stand. Das Sternesystem bei **Bewertung** entspricht folgenden
Qualitätskategorien:

★★★★ hervorragend	★★★ sehr gut	★★ gut	★ annehmbar

Alle Wodkas, bei denen ich Hinweise auf schlechte Destillation oder
Rektifikation gefunden habe, erhielten die Einstufung »nicht klassifiziert«.

ZWEITER TEIL

WODKAMARKEN VON A BIS Z

WODKAS AUS DEM WESTEN

In diesem Führer finden Sie mehr Wodkas westlicher Provenienz als solche aus Polen oder Rußland: Insgesamt 39 Beispiele aus Skandinavien, Nordamerika und verschiedenen Ländern Westeuropas. Was bei ihnen besonders auffällt, ist die sehr unterschiedliche Qualität. Manche sind wirklich hervorragend, andere, ehrlich gesagt, schrecklich. Was also zeichnet einen wirklich guten »West-Wodka« aus?

Erstens sollte er bis zum höchstmöglichen Reinheitsgrad destilliert, rektifiziert und gefiltert sein, also keinen Beigeschmack oder -geruch aufweisen, allenfalls einen kleinen Anflug von Äthylalkohol. Zweitens muß er leicht und frisch sein und keine Spuren jener schweren, öligen Konsistenz zeigen, wie man sie häufig bei polnischen oder russischen Wodkas antrifft. Drittens: Bitte sehr mild. Liegen diese drei Voraussetzungen vor, ist er eine ideale Cocktail-Basis oder versetzt Tonic oder Orangensaft den richtigen Kick. Es existieren zwar nur wenige westliche

Seeufer in Liesjarvi, Finnland.
Die in Westeuropa, Skandinavien
und den USA erzeugten Wodkas
unterscheiden sich erheblich in
ihrer Qualität. Der Idealtyp jedoch
ist extrem rein.

Wodkamarken von solch vorzüglicher Qualität, diese kann man aber mit
großem Genuß auch pur trinken.

Wodkas aus dem Westen sind jedoch eine Frage des Geschmacks.
Wenn Sie einen polnischen oder russischen Destillateur nach seiner
Meinung fragen, wird er ihnen unweigerlich Eigenschaften wie »uninter-
essant« oder »langweilig« zuweisen. So denken auch viele Journalisten
und Autoren im Westen, die es gewohnt sind, sich mit Branntweinen von
differenzierterem Aroma zu beschäftigen, wie Rum, Scotch oder Cognac,
und deshalb den Wodka von oben herab ansehen.

Doch das ist nicht ganz fair. Schließlich verfolgen die Destillateure
im Westen ganz andere Ziele als ihre osteuropäischen Kollegen, und die
Produkte unterscheiden sich dementsprechend deutlich voneinander.
Mit Rücksicht darauf habe ich die Wodkas im folgenden Abschnitt
ausschließlich nach den im Westen relevanten Kriterien beurteilt:
Reinheit, Leichtigkeit und Milde. Da dies die von ihren Erzeugern ange-
strebten Eigenschaften sind, kann man nur so zu einem gerechten Urteil
gelangen.

Absolut

GRUNDDATEN

Inhaber V&S Vin & Sprit

Brennerei Åhus, Schweden

Produktion 5 Millionen Kisten

Alkoholgehalt Absolut Blue 40 %vol
Absolut Red 50 %vol
Absolut Citron 40 %vol
Absolut Kurant 40 %vol
Absolut Peppar 40 %vol

Die Geschichte, wie Lars Olsson Smith mit seinem »Absolut Renadt Brännvin« oder Absolut Reinen Wodka die schwedische Wodkaindustrie das Fürchten lehrte, habe ich bereits erzählt. Er war der verdienstvolle Initiator einer technischen Revolution, die einen in Schweden bislang unbekannten Reinheitsgrad bei der Rektifikation ermöglichte. Ein Jahrhundert später ging von seinem Wodka eine weitere Revolution aus, die dieses Mal gleichermaßen Produktionstechnik, Produktdesign und Absatzpolitik betraf.

Als in den siebziger Jahren der Wodkakonsum in den USA Rekordhöhen erreichte, nahm das schwedische Produktionsmonopol Vin & Sprit (V&S) dies zum Anlaß, einen neuen

BEWERTUNG

Absolut
★★

Absolut Citron
★

Absolut Kurant
nicht klassifiziert

Absolut Peppar
★★★★

WODKAMARKEN VON A BIS Z

Wodka für diesen Markt zu entwickeln, einen von erstklassiger Qualität, die für die lange Wodkatradition des Landes stehen sollte. Da man jedoch wenig Erfahrung mit Export, Werbung und Verpackung hatte, rief Lars Lindmark, der Präsident von V&S, ein Marketing-Team zusammen, das amerikanische Fachleute zu Rate zog. Zuerst erwog man ein Konzept, das die schwedische Herkunft des Wodkas in den Vordergrund stellte. Prototypen, wie der »Royal Court Vodka« in einer »reifüberzogenen« Karaffe und der »Swedish Blond Vodka«, auf dem plündernde Wikinger abgebildet waren, wurden entwickelt und schließlich alle verworfen.

Der Durchbruch gelang, als ein Mitglied des Teams in einem Antiquitätenladen in der Altstadt Stockholms auf eine alte Medizinflasche stieß – und damit die Grundform gefunden war.

GESCHMACKSNOTEN

ABSOLUT BLUE

Sehr neutral in der Nase mit nur einer Spur Getreidearoma und einem Anflug von Alkohol. Sehr schönes Mundgefühl, eher trocken, mit Nuancen von Karamel. Nur ein ganz leichter Alkoholbiß. Süßlich, doch sehr kurz im Abgang. Ich behaupte, daß damit einer der besten Wodka-Tonics der Welt hergestellt werden kann, vielleicht, weil er durch das Mundgefühl dieses Wodkas mehr Gewicht erhält als mit anderen Wodkas. Alternativ trinkt man ihn eisgekühlt, nachdem er im Gefrierfach dichter in der Textur, glatt und sehr trocken geworden ist.

ABSOLUT CITRON

Das Aroma dieses Wodkas überzeugt mich nicht ganz; es ist leicht und konzentriert, doch etwas eindimensional und wirkt auf mich ein bißchen künstlich. Etwas bitter am Gaumen, und sein penetranter Zitrusgeschmack vermag einige Fremdstoffe im Ausgangsbranntwein nicht ganz zu überdecken. Ein leichtes Brennen vom Alkohol. Ausdauernder Zitrusgeschmack im Abgang. Zum Mixen verwenden.

Man entschied sich, kein Etikett, sondern eine blaue und schwarze Beschriftung direkt auf dem Glaskörper zu verwenden, damit die Klarheit des Wodkas besser zu Geltung käme.

Auch die Namensfindung bereitete Kopfzerbrechen. Zunächst wählte man die Bezeichnung »Absolut Pure Vodka«, fand jedoch, daß »pure« (rein) nicht auf einer Branntweinflasche und »absolute« (absolut) als Eigenschaftswort in den USA nicht als Markennamen benutzt werden konnten. Schließlich beschränkte man sich auf »Absolut« und den Zusatz »Country of Sweden«, der einen Eindruck skandinavischer Reinheit und Unverfälschtheit hervorrufen sollte. Letzten Schliff verlieh man der Flasche durch die Lars-Olsson-Smith-Medaille, die einen Sinn für Tradition vermitteln sollte.

Die erste Fracht verließ Åhus im Jahr 1979 Richtung Boston. Eine geschickte Werbung – sie wird im allgemeinen als eine der innovativsten und witzigsten Kampagnen angesehen, die je für einen Branntwein unternommen wurde – ließ die Verkaufszahlen in schwindelnde Höhen steigen. Absolut Blue und Absolut Citron sind die beiden meistimportierten Wodkasorten in den USA, und weltweit werden jährlich über fünf Millionen Kisten verkauft.

Der immense Markterfolg ist jedoch nur eine Seite der Medaille. Seit dem Smirnoff-Fieber der fünfziger und sechziger Jahre hat Absolut wie keine andere Marke dazu beigetragen, die Einstellung des Westens zum Wodka radikal zu verändern. Mit einem Mal umgab ihn ein Hauch von Chic und Klasse. Produktdesign und Werbung wurden nun ebenso wichtig wie die Qualität des Produkts. So ist die Aufmachung der meisten West-Wodkas heute innovativer als die anderer Spirituosen.

Absolut wird im südschwedischen Åhus erzeugt, in einer Brennerei, die seit 1906 in Betrieb ist. Der Rohalkohol dieses reinen Getreidebrandes hat einen Gehalt von 85–90 %vol. Er wird in einer Vier-Säulen-Apparatur zu einer Stärke von 95 %vol rektifiziert und mit hauseigenem Brunnenwasser auf 40 %vol verdünnt. Die Flaschen werden in der nahegelegenen Glashütte Limmared geblasen, die seit 1741 existiert.

Als ich in der Stockholmer Altstadt erstmals einen Absolut probierte, war ich überzeugt, einen der größten Wodkas der Welt vor mir zu haben, der sich hervorragend für Wodka Tonic eignet. Trotzdem wird er zuweilen von einigen meiner Freunde aus der Industrie kritisiert: Sein großer weltweiter Erfolg habe dazu geführt, daß er zu schnell produziert und in Umlauf gebracht werde. In der Tat wies der von mir getestete Absolut einige Makel auf, besonders Spuren von Karamel. Doch mein Vertrauen in diese Marke und ihren Produktionsprozeß bleibt hiervon unberührt – nur von den aromatisierten Varianten bin ich weniger überzeugt.

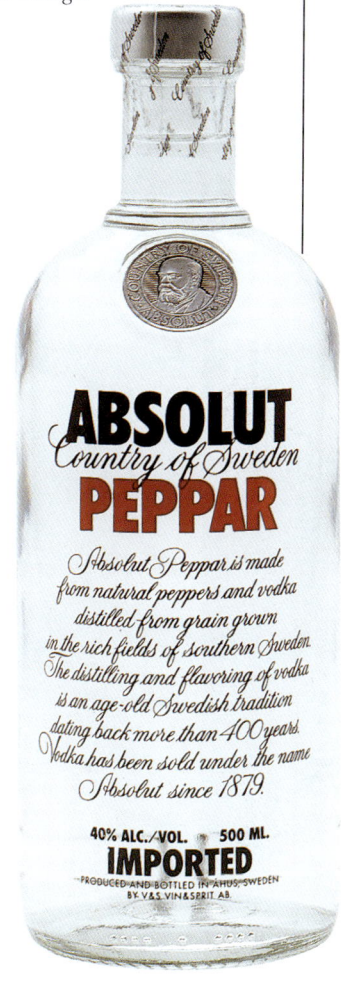

GESCHMACKSNOTEN

ABSOLUT KURANT

Dieser Wodka ist etwas besser geworden, seit ich ihn vor einigen Jahren zum ersten Mal gekostet habe; doch ich finde sein Aroma noch immer ein wenig unnatürlich. Fast aufdringlich süß am Gaumen, künstlich im Geschmack; ein aggressives Brennen vom Alkohol. Er hinterläßt im Mund einen bittersüßen Nachgeschmack. Paßt nicht in die Absolut-Familie.

ABSOLUT PEPPAR

Er hat ein deutlich ausgeprägtes Bukett von mexikanischem Jalapeño-Chili. Dicht in der Konsistenz; sehr mild, mit anfänglicher Süße. Diese hält am Gaumen an, bis sich sein Feuer entzündet und sie in den Hintergrund drängt. Es bleibt einige Zeit auf der Zunge, und manche Leute mögen es ein bißchen zu scharf finden. Dieser faszinierende Wodka besitzt ein herrliches Aroma. Ich habe ihn höher bewertet als andere es vielleicht tun würden, doch schließlich wurde ich in Mexiko geboren!

Aslanov

GRUNDDATEN

Inhaber Distillers Bruggeman

Brennerei Gent, Belgien

Produktion nicht bekannt

Alkoholgehalt Aslanov Vodka 40 und 46 %vol
Aslanov Lemon 40 %vol
Aslanov Blackcurrant 40 %vol

Die Vorfahren von Michael und Nina Aslanian stammen aus dem südrussischen Rostow, einer großen Hafenstadt nahe der Mündung des Don ins Asowsche Meer. Wie viele ihrer Landsleute flohen diese während der Oktoberrevolution und ließen sich schließlich in Brüssel nieder, wo sie wieder anfingen, Wodka herzustellen. Zuerst bestand ihre Kundschaft vornehmlich aus Emigranten, die wie sie selbst an Heimweh litten, doch bald lernten auch die Belgier ihren Wodka zu schätzen.

1979 wurde die Marke von Distillers Bruggeman aufgekauft. Diese Firma im flämischen Gent wurde 1884 von Pierre Bruggeman gegründet und stellte Jenever und Obstliköre her. Sie verfügt heute über eine Rektifizieranlage, die umweltfreundlich ist und sich auf dem neuesten Stand der Technik befindet. Der Rohalkohol mit 96 %vol wird fertig eingekauft und vor der Verarbeitung einer strengen Qualitätskontrolle unterzogen. Für die

BEWERTUNG

Aslanov Vodka
★★

Aslanov Blackcurrant
★★

Aslanov Lemon
★★

aromatisierten Varianten läßt man Früchte in Alkohol ziehen und destilliert den Brand dann in einer Destillierblase, um so dem Endprodukt ein intensiveres, »ehrlicheres« Aroma zu verleihen.

Die tadellose Produktpalette errang mehrmals Auszeichnungen bei der Wine and Spirits Competition in London. Der vierzigprozentige klare Wodka gewann 1995 die Silbermedaille, desgleichen 1996 Blackcurrant und Lemon.

GESCHMACKSNOTEN

ASLANOV VODKA

Sehr neutral in der Nase mit schwachen, kaum wahrnehmbaren Spuren von Karamel. Ganz weich und mild am Gaumen, wobei der 46%vol-Wodka wegen seines höheren Alkoholgehalts ein leichtes Brennen entwickelt. Leicht karamelisiert, doch nicht unangenehm. Schöner, langer Nachgeschmack, bei dem das Toffee-Aroma etwas stärker in den Vordergrund tritt.

ASLANOV BLACKCURRANT

Sehr intensives, scharfes und konzentriertes Aroma von Schwarzen Johannisbeeren, das jedoch dazu tendiert, am Gaumen nachzulassen. Mild, sehr angenehm, doch etwas zu alkoholbetont. Ein gut gemachter aromatisierter Wodka für alle, die starke Geschmacksnoten lieben.

ASLANOV LEMON

Ein sehr natürliches Zitrusaroma mit, wie ich finde, einem Hauch von Limonen. Der Zitrusgeschmack bleibt auch am Gaumen gut ausgewogen; im Abgang eine Spur von Zitrone. Zaubert einen wunderbar frischen Wodka Tonic ins Glas.

Barclay's

GRUNDDATEN

Inhaber Barton Brands

Rektifizieranlagen Bardstown (Kentucky),
Los Angeles (Kalifornien), Atlanta (Georgia)

Produktion nicht bekannt

Alkoholgehalt 40 %vol

Diese Marke befand sich viele Jahre im Besitz der kanadischen Gesellschaft Hiram Walker und wurde 1988 von Barton Brands aufgekauft; 1989 gefolgt von der Schwestermarke Crystal Palace.

BEWERTUNG

Barclay's
★★

Der Wodka wird aus neutralem Getreidebrand hergestellt, der in einer der drei Anlagen von Barton in Kentucky, Kalifornien oder Georgia rektifiziert wird. Danach wird er kohlegefiltert, was seinen unverfälschten, reinen und neutralen Charakter erklärt.

Es ist kein besonders aufregender Wodka, doch unprätentiös, ehrlich und gut gemacht. Ich hätte ihn höher eingestuft, wenn er etwas milder wäre.

GESCHMACKSNOTEN

BARCLAY'S
Schönes, kaum verfälschtes, sehr reines Aroma, nur leicht alkoholisch. Unverfälscht im Geschmack, leicht süßer Typ, von annehmbarer Milde, aber mit leichten Nadeln und leicht feurig. Recht süß und anhaltend im Abgang. Abgesehen vom leichten Adstringieren einer der besseren US-Wodkas in diesem Führer. Bevorzugt zum Mixen zu verwenden.

Barton

GRUNDDATEN

Inhaber Barton Brands

Rektifizieranlagen Bardstown (Kentucky),
Los Angeles (Kalifornien),
Atlanta (Georgia)

Produktion 1,19 Millionen Kisten

Alkoholgehalt 40 % und 50 %vol

Das Aushängeschild von Barton Brands mit einer besonders eleganten Aufmachung ist zugleich die erfolgreichste Wodkamarke in den USA – die einzige mit steigenden Umsatzzahlen. 1992 hat sie die Ein-Millionen-Kisten-Grenze überschritten und steht damit an sechster Stelle.

Die Firma trat erstmals ins Rampenlicht, als sie 1982 von Ellis Goodman's Amalgamated Distilled Products übernommen wurde. Nach deren Fusionierung mit Argyll Foods wurde das Management der Barton-Gruppe 1987 abgefunden, bevor eine ehrgeizige Kauforgie begann. 1988 wurde Barclay's erworben, im Jahr darauf Crystal Palace, 1995 United Distillers Glenmore von dem britischen Spirituosengiganten United Distillers (bekannt durch Produkte wie Johnnie Walker und Gordon's Gin), wodurch man sechs weitere Marken hinzugewann. Goodman hält die Firma noch immer weitgehend unter seiner Kontrolle, und Barton ist mit 3,5 Millionen Kisten pro Jahr der zweitgrößte Wodkalieferant in den USA.

Bezüglich der Produktionsmethoden wird Stillschweigen bewahrt, doch Barton Vodka

BEWERTUNG

Barton
★

Die Wodkamarke Barton ist das Aushängeschild von Barton Brands.

wird in allen drei Anlagen in Kentucky, Kalifornien und Georgia hergestellt. Er wird ganz aus hochwertigem amerikanischem Weizen gebrannt
und kohlegefiltert, um ihn besonders rein zu machen. Das Ergebnis ist
ein neutraler Wodka im typisch westlichen Stil, den man am besten
für Mixgetränke verwendet. Barton Vodka ist Teil einer Produktpalette,
die auch Barton »London«, einen trockenen Gin, und einen Bourbon
einschließt. Die Geschmacksnoten beziehen sich auf die leichtere vierzigprozentige Variante.

GESCHMACKSNOTEN

BARTON VODKA

Sehr leichtes und neutrales Bukett mit leichtem Toffee-Aroma im Hintergrund. Fast
unangenehm süß im Mund, mit Spuren von
Karamel, etwas stechendes Gefühl. Lang
anhaltender Geschmack.

Black Death

GRUNDDATEN

Inhaber Richmond Distillers

Brennerei Warrington, England

Produktion nicht bekannt

Alkoholgehalt 40 %vol

Dies ist eine der wenigen Wodkamarken, die sich um ein betont witziges Verpackungsdesign bemühen. Doch wollen Sie sich beim Wodkagenuß tatsächlich von einem Totenkopf angrinsen lassen? Dieser Wodka wurde ursprünglich von dem Familienunternehmen Sigurdsson aus Island auf den Markt gebracht;

BEWERTUNG

Black Death
nicht klassifiziert

vermutlich ließ man sich von dem einheimischen Schnaps Islenskt Brennivin anregen, der wegen seines schwarzen Etiketts den Spitznamen »Schwarzer Tod« (Black Death) trug. Die Marke wurde in den letzten Jahren von der in Luxemburg ansässigen Firma Richmond Distillers übernommen, die teilweise der britischen Brennerei G. & J. Greenall gehört.

Niemand konnte mir sagen, woraus dieser Wodka gebrannt wird, doch ich tippe auf Melasse. Der Rohalkohol wird eingekauft und dann bei Greenall in Warrington (Cheshire) rektifiziert und mit Kohlefiltern gereinigt.

GESCHMACKSNOTEN

BLACK DEATH

Fast geruchlos, mit geringen Spuren von Süße im Hintergrund. Von starker, aufdringlicher Süße am Gaumen mit einem starken Geschmack nach verbranntem Zucker, aber sehr mild und kaum stechend. Starker Toffeegeschmack im Abgang. Auf jeden Fall nur zum Mixen geeignet.

Blavod

GRUNDDATEN

Inhaber The Original Black Vodka Company

Brennereien verschiedene in Großbritannien

Produktion nicht bekannt

Alkoholgehalt 40 %vol

Als die Marke Ende 1996 auf den Markt kam, rief ich die Firma an und stellte die naheliegende Frage: »Warum ist Ihr Wodka schwarz?« »Muß Wodka denn unbedingt klar sein?« gab ein sehr engagierter Sprecher des Unternehmens zurück. »Ist ein schwarzer Wodka nicht wesentlich interessanter, aufregender, verführerischer, geheimnisvoller und anziehender? Wir wollen alle Vorurteile über Wodka ausräumen.« Wenn Sie also in bezug auf Wodka Traditionalist sind, ist diese Marke nichts für Sie.

Vorbereitet und abgefüllt wird der Wodka zunächst von Heyman Distillers, einer Gründung ehemaliger Mitarbeiter der James Burrough Ltd., die in der alten Brennerei in Kennington im Süden Londons den berühmten Beefeater-Gin herstellte. Als ihre Firma in den achtziger Jahren an die englische Großbrauerei Whitbread verkauft wurde, machten sie sich unter Führung von Charles Heyman selbständig und spezialisierten sich auf das Verschneiden und Abfüllen weißer Spirituosen für den Großhandel. Hinter ihrer Marke steckt solide Fachkenntnis, auch wenn das Geheimnis um die eigentliche Herstellung offenbar streng gehütet wird.

BEWERTUNG

Blavod
★★

Dieser Wodka ist nicht nur ungewöhnlich in der Farbe. Er enthält auch Aromastoffe, doch ich habe keine Ahnung, welche es sind. Er ist nichts für Puristen, aber mir persönlich schmeckt er sehr gut.

GESCHMACKSNOTEN

BLAVOD

Hält man den Wodka in einem hohen dünnen Glas gegen das Licht, ist seine Farbe nicht mehr schwarz, sondern eher wie blaugraue Tinte. Fast völlig geruchlos, fühlt er sich im Mund gut an und schmeckt leicht süß und nach Arzneikräutern, deren Geschmack noch lange nachwirkt. Ganz leicht stechendes Gefühl. Versuchen Sie ihn pur und leicht gekühlt, oder geben Sie einen kleinen Schuß Noilly Prat dazu – so entsteht ein schwarzer Wodka Martini. Dies intensiviert sein Aroma, und am Gaumen verbinden sich seine Kräuterkomponenten mit dem süßen Eichenaroma des Wermuts zu einem komplexen Geschmackserlebnis. Die Mischung wird aber nicht jedem schmecken, denn wie der Wodka selbst ist auch dieser Wodka Martini etwas ganz Besonderes.

Cossack

GRUNDDATEN

Inhaber United Distillers

Brennerei Laindon, England

Produktion nicht bekannt

Alkoholgehalt 37,5 %vol

Dieser Wodka, der in den sechziger Jahren von dem bekannten Gin-Erzeuger J. J. Vickers gebrannt wurde, ist wahrscheinlich die älteste in Großbritannien produzierte Wodkamarke. Vickers wurde später von Booth's, einem anderen Londoner Gin-Hersteller, übernommen und ist heute Teil der riesigen United-Distillers-Gruppe. Die Firma kauft sorgfältig ausgewählten, qualitativ hochwertigen neutralen Branntwein aus Melasse, die für den süßlichen Charakter dieser Marke verantwortlich ist. In ihrer Brennerei im englischen Essex wird der Wodka dann kohlegefiltert und in Flaschen abgefüllt. Die eigentlich recht gute Marke erlebte in den letzten Jahren einen Abstieg. War sie einst auf dem britischen Markt kräftig vertreten, beschränkt sich ihr Absatzgebiet heute vor allem auf Nordirland.

BEWERTUNG

Cossack

★★

GESCHMACKSNOTEN

COSSACK

Absolut neutral im Geruch, nur kleine Spuren von Alkohol und etwas Süße, die vom Ausgangsprodukt Melasse herrührt. Süßlicher, schwerer Wodkatyp, aber unverfälscht, rein und mild, mit nur einem Hauch von Nadelspitzen. Süß mit Spuren von Zitrusgeschmack im Abgang. Sehr beständig. Zum Mixen und für Cocktails geeignet.

Cristalnaya

GRUNDDATEN

Inhaber Richmond Distillers

Brennerei Warrington, England

Produktion nicht bekannt

Alkoholgehalt 40 %vol

Dies ist die dritte Marke, die von Richmond Distillers (Luxemburg) und G. & J. Greenall, dem größten Teilhaber dieser Firma, gemeinsam produziert wird. Greenall stellte in England bereits seit 1761 weiße Branntweine her und machte sich auf dem

BEWERTUNG

Cristalnaya Special
★★

Wodkamarkt mit dem hochprofilierten Vladivar einen Namen. Diese Marke wurde 1990 an die Whyte & Mackay Gruppe verkauft.

Wie Black Death und Selekt, die beiden anderen Wodkamarken der Firma, wird auch Cristalnaya bei Greenall in Warrington (Cheshire) produziert. Der angelieferte Rohalkohol wird zu einem hohen Reinheitsgrad rektifiziert und kohlegefiltert. Das Ergebnis ist ein guter, durchschnittlicher Wodka im westlichen Stil, der sich gut zum Mixen oder als Basis für Cocktails eignet. Am besten verkauft er sich jedoch in Rußland und anderen GUS-Staaten.

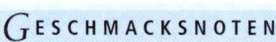

GESCHMACKSNOTEN

CRISTALNAYA SPECIAL

Sehr neutrales Aroma, fast geruchlos, mit nur geringem Anklang von Alkohol. Ein süßlicher, schwerer Wodkatyp, doch ohne Spuren von Karamel, sehr rein und kaum stechend. Im ziemlich kurzen Abgang ein kleiner Hauch von Toffee.

Crystal Palace

GRUNDDATEN

Inhaber Barton Brands

Rektifizieranlagen Bardstown (Kentucky),
Los Angeles (Kalifornien), Atlanta (Georgia)

Produktion nicht bekannt

Alkoholgehalt 40 %vol

Die Marke, heute einer der Hauptpfeiler in der Produktpalette von Barton Brands, wurde 1989 dem Konzern Hiram Walker abgekauft. Durch steigende Verkaufszahlen in den letzten Jahren verhalf sie Barton zum zweiten Rang unter den Wodkalieferanten der USA (Gesamtumsatz 3,5 Millionen Kisten pro Jahr). In der Rangliste der meistverkauften Wodkas belegt sie dort den 17. Platz.

Der Wodka wird zu 100 Prozent aus Getreide hergestellt und in den drei Anlagen der Firma in Kentucky, Kalifornien und Georgia rektifiziert. Der Vertrieb dieser preisgünstigen Marke beschränkt sich fast ausschließlich auf die USA.

GESCHMACKSNOTEN

CRYSTAL PALACE
Geruchlos, unverfälscht, mit nur einem Hauch
Alkohol. Zieht die Schleimhäute zusammen
und gerbt Zahnfleisch und Zunge;
zugleich schwer und süß. Sehr rein im Geschmack.
Lang anhaltender, leicht feuriger Abgang.

BEWERTUNG
Crystal Palace
★

Czarina

GRUNDDATEN

Inhaber Barton Brands

Rektifizieranlagen Bardstown (Kentucky),
Los Angeles (Kalifornien),
Atlanta (Georgia)

Produktion nicht bekannt

Alkoholgehalt 40% vol

Trotz des russischen Namens handelt es sich hier um einen amerikanischen Wodka, der seit vielen Jahren von dem Spirituosengiganten Barton Brands produziert wird, der auch Hersteller von Barclay's, Barton, Crystal Palace, Fleischmann's, Mr. Boston und Schenley ist. Die Firma verwendet ausschließlich Getreide aus den USA, gibt jedoch keine näheren Informationen über den Produktionsprozeß.

Dieser Wodka wird zu einem sehr günstigen Preis angeboten, jedoch in einer etwas schäbigen Flasche, die sich wie Acrylglas anfühlt. Zweifellos handelt es sich hier um eine Sorte zum Mixen.

BEWERTUNG

Czarina
nicht klassifiziert

GESCHMACKSNOTEN

CZARINA

Das leichte, neutrale Bukett dieses Wodkas ist fast nicht zu erahnen. Der leichte Hauch von Alkohol im Hintergrund hinterläßt ein starkes Brennen mit süßen und sauren Geschmacksspuren im Mund. Nicht gerade mein Favorit, zumal ich weiß, daß Barton Besseres zustande bringt.

Danzka

GRUNDDATEN

Inhaber Danisco

Brennerei Aalborg, Dänemark

Produktion nicht bekannt

Alkoholgehalt alle Varianten 40 %vol

Danzka, Dänemarks führende Wodkamarke, existiert seit den achtziger Jahren, als Thomas Anton, ein kleiner, wagemutiger Aquavit-Erzeuger, für einen dänischen Wodka in einer originellen Verpackung gute Chancen auf dem boomenden Weltmarkt sah. Ihr Stammbaum ist also recht kurz. Heute gehört sie zur riesigen Brennerei Danisco, die bereits seit mehr als 150 Jahren in ihrer historischen Fabrik in Aalborg (Nordjütland) klare Spirituosen herstellt. Seit sie die Marke 1994 erwarb, hat sich deren Qualität wesentlich verbessert.

Die Brennerei wurde 1846 von Isidor Henius in Aalborg in Betrieb genommen, mit dem Ziel, einen Aquavit von bester Qualität zu erzeugen. Kurz darauf führte Henius Rektifiziersäulen ein und war damit der erste dänische Destillateur, der sein Produkt als »rektifiziert, gefiltert und fuselfrei« bezeichnen konnte. Im Jahr 1881 wurde die Firma von dem Industriellen C. E. Tietgen übernommen, der mehrere dänische Brennereien aufkaufte und zu dem Konzern De Danske Spritfabrikker (Dänische Spirituosenfabriken) vereinigte. Die Qualität seiner Branntweine hatte gegen

BEWERTUNG

Danzka Vodka
★★★

Danzka Citron
★★★

Danzka Currant
★★★

Ende des Jahrhunderts ein solch hohes Niveau erreicht, daß der Zar selbst dem russischen Botschafter in Kopenhagen auftrug, das Rezept zu besorgen.

Im Jahr 1989 fusionierte die Firma mit mehreren anderen zur Danisco A/S, einem der größten Firmenkonsortien der dänischen Wirtschaftsgeschichte. Heute ist sie mit ihren Brennereien in Aalborg und Grena der einzige Erzeuger hochprozentigen Alkohols in Dänemark und versorgt auch verschiedene andere einheimische und ausländische Spriritousenhersteller mit dem kostbaren Gut.

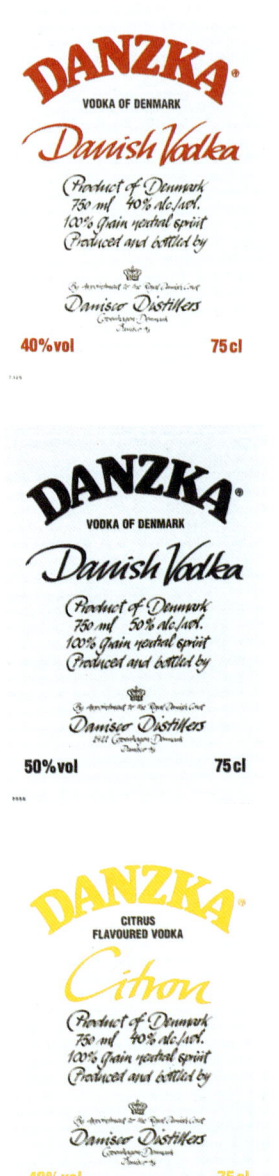

Danzka-Wodka wird aus hochwertigem dänischen Getreide mit hohem Weizenanteil hergestellt. Nach einem kontinuierlichen Destillations- und Rektifikationsprozeß in einer Sechs-Säulen-Anlage erfolgt eine dreimalige Kohlefilterung. Für die aromatisierten Versionen werden ausschließlich natürliche Aromastoffe zugesetzt.

Alle Danzka-Wodkas folgen einem neuartigen Verpackungskonzept, das mit dem Slogan »Wodka auf Metall« beworben wird. Ich selbst mag besonders die aromatisierten Varianten; sie sind viel weniger scharf und aufdringlich als viele ihrer Konkurrenzprodukte, zugleich fein und ehrlich in Aroma und Geschmack, was ich sehr anziehend finde. Auch der klare Wodka bereitet großes Trinkvergnügen und hält, was man sich von einer Firma mit jahrhundertelanger Destilliererfahrung verspricht.

GESCHMACKSNOTEN

DANZKA VODKA

So unverfälscht und rein, daß kein Bukett auszumachen ist. Zunächst mild am Gaumen, gegen Ende ein leichtes Stechen. Schwer mit gutem Mundgefühl und sauberem Abgang. Dieser wunderbare Wodka im westlichen Stil ist beinahe makellos und kann gut pur getrunken werden.

DANZKA CITRON

Sehr leicht in der Nase, mit unverfälschtem Zitronenaroma. Sehr weicher Geschmack reifer Zitronen, schön abgerundet und mild. Im Abgang kurz, doch angenehm und duftend. Wenn ich einen Zitronenwodka gekühlt und pur trinken wollte, würde ich mich für diesen entscheiden. Er schmeckt aber auch bestens mit Tonic.

DANZKA CURRANT

Diese Variante duftet zart nach Schwarzen Johannisbeeren und weist keinerlei Spuren von Fremdstoffen auf. Am Gaumen tritt der Johannisbeerton beinahe ganz in den Hintergrund und ist nur noch als leichter Geschmacksakzent zu erahnen. Der Basiswodka ist schön mild, aber man hat ihm genug Spitzen gelassen, um zu vermeiden, daß der Fruchtgeschmack zu dominant wird. Duftender, lang anhaltender Abgang.

1822

GRUNDDATEN

Inhaber Boisset

Brennerei Nuits St. Georges, Frankreich

Produktion 2500 Kisten

Alkoholgehalt alle 37,5 %vol

Nuits St. Georges mitten im Weinanbaugebiet von Burgund ist ein ungewöhnlicher Ort als Hauptsitz eines Wodkaerzeugers. Die Familie Morin ist bereits seit dem 15. Jahrhundert in der Region ansässig, doch erst 1822(!) gründete Claude Morin eine Wein- und Spirituosen-Firma in der Stadt. Seither ist die Firma fest etabliert und gehört heute zur Boisset-Gruppe. Da sie schon seit Jahren Obstliköre und Cassis hergestellt hatte, schien es ganz natürlich, daß sie ihre Aktivitäten auch auf aromatisierten Wodka ausdehnte.

Detaillierte Kenntnisse über die Mazeration (Ausschwemmen der Aromastoffe) von Früchten mit Alkohol und das Extrahieren ihrer Aromen, die über

BEWERTUNG

1822 Vodka
★★

1822 Citron
★

1822 Orange
★

1822 Rose
★★★

1822 Cola
nicht klassifiziert

fünf Generation weitergegeben wurden, sind auch für das heutige Wodka-geschäft der Firma von großem Nutzen. Die Marke 1822 (Dixhuitcent-vingtdeux) wurde 1995 in einer avantgardistischen Verpackung auf den Markt gebracht, die sich mit ihrem modernen Design bewußt von der pseudorussischen Aufmachung vieler anderer westlicher Marken distan-ziert und bereits einen französischen Designpreis gewonnen hat, den Grand Prix de Design Strategie.

Man bezieht den Alkohol von Zulieferern. Zur Aromatisierung werden natürliche Zutaten in Alkohol eingelegt und so bestimmte Essenzen hergestellt, die dem Wodka nach der Destilla-tion hinzugefügt werden. Vor dem Abfüllen wird die Flüssigkeit gefiltert.

1822 umfaßt eine ungewöhnliche Wodkapa-lette. Zwar haben auch andere Erzeuger inzwi-

GESCHMACKSNOTEN

1822 WODKA

Die Liste der Zutaten auf dem Etikett (Alkohol, Wasser und natürliche Extrakte) verrät es: Diesem Wodka ist eine Spur Zitrusessenz als Geschmacksnuance beigemengt. Zarter, angenehmer Zitrus-duft. Sehr mild am Gaumen, von etwas dickflüssiger Konsistenz und mit einem Hauch Zitronengeschmack. Ein leichtes Brennen vom Alkohol, doch nicht aggres-siv. Feiner, mittelschwerer Abgang ohne stechendes Gefühl. Ein sehr angenehmer Wodka, den man gut pur trinken kann.

1822 CITRON

Lieblich, von intensivem Aroma mit Zitro-nen- und Limonenkomponenten. Recht mild, mit nicht unangenehm starkem Zitronengeschmack, leicht bitter. Anhal-tender Abgang mit Zitrus und leichtem Feuer. Eignet sich besonders zum Mixen.

schen Zitronen- und Orangenwodkas auf den Markt gebracht, doch wer von ihnen käme wohl auf die Idee, einen Wodka mit dem Duft von Rosenblättern anzubieten, dessen »Geschmack an einen englischen Landhausgarten erinnert«? Oder an eine Cola-Version mit 37,5 %vol? Alle sind hervorragend im Aroma, doch geschmacklich finde ich sie weniger beeindruckend, vielleicht weil der Ausgangswodka nicht gerade der höchsten Qualität entspricht. Der einfache Wodka dagegen ist recht gut.

GESCHMACKSNOTEN

1822 ORANGE

Sehr leichtes und unverfälschtes Orangenaroma. Am Gaumen etwas ölig mit dem süßen Geschmack der Orangen. Wie beim Citron liegt jedoch auch hier eine leichte Bitterkeit darunter, die den Abgang beeinträchtigt. Eignet sich ebenfalls gut zum Mixen.

1822 ROSE

Kräftiger, sehr intensiver Duft nach Rosenblüten. Am Gaumen sehr mild mit einem ungewöhnlich konzentrierten und ziemlich süßen Rosenaroma. Im Hintergrund nur ganz leicht bitter. Langer, sehr anhaltender Abgang. Ein Meisterstück der Aromatisierkunst, deshalb habe ich die Marke hoch eingestuft. Mir ist er jedoch zu parfümiert, zu süß und aufdringlich, um ihn pur zu trinken.

1822 COLA

Mit dem typischen süßlichen Geruch von Cola Light und Spuren von Alkohol. Bitter am Gaumen, obwohl der Cola-Geschmack anfangs relativ lange Bestand hat, bevor er dem etwas aggressiven Brennen des Alkohols weicht. Hinterläßt einen ziemlich bitteren Nachgeschmack. Ich habe diesen Wodka nicht besonders hoch eingestuft, andere waren jedoch sehr angetan davon. Der Empfehlung auf dem Etikett, ihn mit Tonic zu mixen, sollten Sie nicht folgen und ihn statt dessen lieber gekühlt und unverdünnt trinken.

Widmen Sie auch den Flaschen selbst etwas Aufmerksamkeit. Betrachtet man das größere vielfarbige Etikett auf der Rückseite durch den Wodka hindurch, ergibt sich ein dreidimensionaler, kaleidoskopartiger Effekt.

Eldurís

GRUNDDATEN

Inhaber Catco

Rektifizieranlage Reykjavík

Produktion 50 000 Kisten

Alkoholgehalt beide Varianten 40 %vol

Die Marke wurde 1988 geboren, als der amerikanische Markt für skandinavische Wodkas boomte. Trotz anfänglich ermutigender Umsätze mußte sie jedoch zurückgezogen werden, als der amerikanische Vertreter aus dem Vertrag ausstieg. In Island lief sie jedoch weiterhin gut, und man erhält sie auch in skandinavischen Ländern und Teilen Kanadas.

Die Herstellerfirma Catco, der größte isländische Wodkaerzeuger, produziert auch Tindavodka, den Schnaps Brennivín und den Gin Lord Dillon. Ihre Abfüllanlage in Reykjavík, eine der ältesten in Island, ist seit 1935 in Betrieb. Sie destilliert nicht selbst, sondern kauft fertigen Wodka, der aus hochwertigem isländi-

BEWERTUNG

Eldurís
★★

Eldurís Citrus
★★

schen Getreide gewonnen wird und dreifach destilliert ist, von Zulieferern. Er wird mit isländischem Wasser verdünnt, das wegen seiner
Klarheit und Reinheit einen besonders guten Ruf genießt. Für die aromatisierte Variante werden nur natürliche Essenzen von Zitronen und anderen Zitrusfrüchten verwendet.

Die beiden gut gemachten, unverfälschten Wodkas präsentieren sich
auch in einer entsprechend stilvollen Verpackung.

GESCHMACKSNOTEN

ELDURÍS

Das äußerst neutrale Aroma zeigt nur Spuren
von Äthylalkohol. Weich in der Konsistenz mit
Spuren von Chinin, doch sehr trocken. Im Abgang feurig. Trinken Sie ihn pur und eisgekühlt.

ELDURÍS CITRUS

Konzentriertes, unverfälschtes Zitrusaroma,
sehr intensiv. Sehr rein und frisch am Gaumen
mit deutlichem Zitronengeschmack und einem
leichten Bitterton, der jedoch im Abgang ver-
schwindet, so daß nur ein duftiger Hauch von
Zitrone zurückbleibt. Dieser Wodka ist gut genug, um ihn pur zu trinken, er schmeckt aber
auch mit Tonic angenehm.

Finlandia

GRUNDDATEN

Hersteller Alko

Brennerei Koskenkorva, Finnland

Produktion 1,7 Millionen Kisten

Alkoholgehalt Finlandia 37,5, 40, 50 %vol
Arctic Cranberry 40 %vol
Arctic Pineapple 40 %vol

Finlandia, seit 1970 auf dem Markt, gilt als Finnlands edelster Wodka. Er wird von der staatlichen Monopolbrennerei Alko destilliert, die auch den Koskenkorva herstellt. Jährlich werden insgesamt 1,7 Millionen Kisten verkauft, und die Marke erzielte in den letzten Jahren weltweit die höchsten Zuwachsraten. Ein neues US-Vertriebsabkommen aus dem Jahr 1996 verspricht eine noch stärkere Verbreitung.

Bis vor kurzem wurde in der historischen Brennerei Rajamäki, etwa 45 km außerhalb von Helsinki, produziert, die seit 1888 in Betrieb war und eine Pionierrolle in der Geschichte des finnischen Wodka spielte. Inzwischen wurde die Herstellung jedoch nach Koskenkorva verlagert, das im Nordwesten von Finnland liegt und damit näher am Getreidegürtel des Landes. Nur hochwertiges Getreide, hauptsächlich Weizen, wird für die Produktion verwendet.

BEWERTUNG

Finlandia
★★★

Arctic Cranberry
★★★★

Arctic Pineapple
★★★

Die Destillationsanlagen befinden sich auf dem neuesten Stand, und ihre computergestützte Technologie wurde bis nach Schottland und sogar nach Taiwan und Indien exportiert. Beim Destillationsprozeß verwendet man zwei Destillations- und drei Rektifiziersäulen, mit deren Hilfe Fuselöle und Methanol ausgeschieden werden. Das Ergebnis ist ein hervorragender, reiner, unverfälschter skandinavischer Wodka in typisch »westlichem« Stil.

GESCHMACKSNOTEN

FINLANDIA

Kristallklar, mit unverfälschtem, reinem Bukett im besten »westlichen« Stil, doch scharf und ziemlich alkohollastig (auch die Variante mit 37,5 %vol). Am Gaumen mild, aber mit einem prägnanten, trockenen, fast salzigen Biß. Wunderbarer unverfälschter Nachklang. Eignet sich besonders zum Mixen, ist aber so angenehm, daß man ihn auch pur, am besten eisgekühlt, trinken kann.

ARCTIC CRANBERRY

Leuchtend dunkelrosa in der Färbung mit Malven- und Orange-tönen. Liebliches Bukett von echten Preiselbeeren mit leichten Untertönen, die an Medizin erinnern. Am Gaumen sehr fruchtig und recht süß, doch ohne den leicht bitteren Beigeschmack frischen Preiselbeersafts. Überraschend wächsern in der Konsistenz, doch wunderbar ausgewogen in Frucht, Säure und Alkohol. Der Geschmack hält lange an. Im Gegensatz zum Erzeuger bin ich nicht der Meinung, daß man diesen Wodka mit Fruchtsäften mischen sollte, da die verschiedenen Geschmackskomponenten nicht harmonieren. Doch mit Tonic und Eis erhält man einen wunderbaren Longdrink. Da er jedoch zweifelsohne einer der herausragenden natürlich aromatisierten Wodkas auf dem Markt ist, sollten Sie ihn auch einfach pur versuchen – eisgekühlt oder als Digestif nach dem Abendessen.

ARCTIC PINEAPPLE

Von hellgoldener Farbe. Sehr scharf und intensiv, mit dem starken Duft von konservierten Ananas, der den Alkohol überdeckt. Am Gaumen süßlich, wobei der Alkohol eine allzu aufdringliche Wirkung verhindert. Im Nachgeschmack nur ein Hauch von Säure, doch insgesamt ein gutes, anhaltendes Aroma. Man sollte ihn gekühlt und pur trinken, da sein starker Geschmack jede andere Komponente eines Mixgetränkes erschlüge.

1994 führte Alko mit dem Arctic Cranberry eine Preiselbeer-Variante ein; ein Jahr später folgte der Arctic Pineapple mit Ananas. Rezepturen und Herstellungsmethoden werden streng geheimgehalten. Man verwendet jedoch ausschließlich natürliche Aromen, Essenzen und reine Fruchtsäfte, aus denen unerwünschte Bestandteile wie Pektine und Säuren extrahiert wurden. Beide Varianten sind in der Färbung so hervorragend und in ihrem Aroma und Geschmack so unverfälscht, daß sie alle Konkurrenzprodukte weit hinter sich lassen.

Finlandia-Wodkas gehören zu den besten, die auf dem Markt erhältlich sind.

Finlandia gehört zu den besten Wodkamarken. Alle Aromen sind natürlich und auch die Farbtöne schöner als bei anderen aromatisierten Wodkas.

Fleischmann's

GRUNDDATEN

Inhaber Barton Brands

Rektifizieranlagen Owensboro (Kentucky),
Los Angeles (Kalifornien), Albany (Georgia)

Produktion nicht bekannt

Alkoholgehalt 40 %vol

Die Fleischmann Distilling Company, 1870 gegründet, machte sich mit dem Brennen von Gin, Whiskey und Brandy einen Namen. Als Wodka in den USA populär wurde, nahm sie auch eine Wodkamarke in ihr Sortiment auf. Die Firma wurde später Teil der Glenmore Distilleries, die ihrerseits 1990 von der britischen United Distillers aufgekauft wurden. Heute gehört sie zum Konzern Barton Brands, dem viertgrößten Spirituosenhersteller und zweitgrößten Wodka- und Tequila-Lieferanten in den USA, der United Distillers Glenmore 1995 erwarb.

BEWERTUNG

Fleischmann's Royal

★

Die Firma kauft neutralen Getreidebrand, rektifiziert und filtert ihn in ihren Anlagen in Kentucky, Kalifornien und Georgia. Das Ergebnis ist ein typisch amerikanischer Wodka, äußerst neutral im Geschmack und ohne ausgeprägten Charakter, doch sehr gewissenhaft hergestellt, der sich gut zum Mixen eignet.

GESCHMACKSNOTEN

FLEISCHMANN'S ROYAL

Fast geruchlos, mit Spuren von Süße. Etwas kompakt in der Konsistenz; mild, doch gegen Ende entwickelt sich ein leichtes Brennen. Süßlich in Geschmack und Abgang. Ein annehmbarer Wodka, der sich gut zum Mixen eignet.

French Alps

GRUNDDATEN

Inhaber Cognac Landy

Produktion nicht bekannt

Alkoholgehalt 40 %vol

Dieser elegant aufgemachte französische Wodka wird von der kleinen Firma Landy produziert, die ihren Sitz in der Nähe der Stadt Cognac hat und durch ihre Cognacs für den Duty-Free-Markt bekannt ist. Er wird aus einer besonderen Weizenart hergestellt, die in der fruchtbaren Region Brie angebaut wird und eine sehr reine Stärke hervor-bringt. Er wird zur Win-terzeit und in kleinen Schüben in Destil-lierblasen gebrannt. Verdünnt wird er mit Brunnenwasser aus den französischen Alpen.

BEWERTUNG

French Alps
nicht klassifiziert

Der Brand wird dreimal gefiltert, zuerst durch einen Kohle-, danach durch einen Calciumfilter, der elektrostatisch aufgeladen ist und dadurch Fremdpartikel anzieht. Danach wird er in Edelstahltanks drei Monate lang harmonisiert. Vor dem Abfüllen läßt man ihn ein letztes Mal durch einen feinen Baumwoll-filter. Aufgrund der Destillationsmethode und des langwierigen Filtervorgangs benötigt man nach Auskunft der Firma für die Herstellung dreimal so viel Zeit wie üblich.

GESCHMACKSNOTEN

FRENCH ALPS

Nicht völlig unverfälscht in der Nase, leicht süß. Gewinnt etwas am Gaumen, süßlich, unterschwellig bitter. Ziemlich kompakt in der Konsistenz und leicht brennend. Hinterläßt einen bitteren Nachgeschmack. Nur zum Mixen geeignet.

Fris

GRUNDDATEN

Inhaber Danisco Distillers

Brennerei Aalborg, Dänemark

Produktion nicht bekannt

Alkoholgehalt 40 %vol

Die elegante Flasche ist der Inbegriff skandinavischen Geschmacks und Stils, und erfreulicherweise entspricht auch ihr Inhalt dieser Aufmachung.

Der Wodka, der die dänische Bezeichnung für Eis oder Frost trägt, sollte laut Empfehlung von Danisco, Dänemarks führendem Spirituosenhersteller, tatsächlich fast gefroren getrunken werden. Das Wasser wird vor der Verarbeitung enthärtet und mit Natriumionen versetzt, so daß es weniger schnell gefriert. Für die Maische verwendet man ausschließlich das volle Korn, und der Alkohol wird in einer sechssäuligen Destillationsapparatur gebrannt. Die erste Filtration erfolgt durch eine Filtersäule mit Aktivkohle. Mit Hilfe von zwei Membranfiltern wird der Wodka anschließend »poliert«, um Kohlepartikel zu entfernen.

BEWERTUNG

Frïs
★★★

Dieser interessante, hochwertige Wodka wird in der historischen Brennerei von Danisco in Aalborg (Nordjütland) hergestellt. Man sollte ihn in fast gefrorenem Zustand genießen.

GESCHMACKSNOTEN

FRÏS

Dickflüssig, wenn er stark gekühlt ist. Sehr neutral im Aroma. Äußerst mild am Gaumen, mit dichter, fast öliger Konsistenz und feiner Alkoholnote. Sehr trocken im Abgang.

IMPORTED

FRÏS

VODKA
SKANDIA

PRODUCED AND BOTTLED
IN DENMARK

40% ALC./VOL.
(80 PROOF)
750 ML

Glenmore

GRUNDDATEN

Inhaber Barton Brands

Rektifizieranlagen Owensboro (Kentucky), Albany (Georgia)

Produktion nicht bekannt

Alkoholgehalt 40 %vol

Auch diese Marke gehörte in den neunziger Jahren dem internationalen Konzern United Distillers, Teil der Guinness-Gesellschaft, die sie 1991 kaufte und in United Distillers Glenmore umwandelte. Wie der doppelköpfige Adler auf dem Etikett verrät, ist sie heute dem Barton-Brands-Konzern eingegliedert, der die Marke 1995 zusammen mit mehreren anderen erwarb.

Die Marke, für die nur erstklassiges Getreide verwendet wird, wird in den Produktionsanlagen von Barton in Kentucky und Georgia hergestellt. Ich war von diesem Wodka etwas enttäuscht und würde ihn nur zum Mixen verwenden.

BEWERTUNG

Glenmore Special Reserve

★

GESCHMACKSNOTEN

GLENMORE SPECIAL RESERVE

Sehr neutrales Bukett. Kompakte Konsistenz mit einem etwas aggressiven Brennen. Leicht süß, mit Spuren von Karamel. Mittellanger Abgang, bei dem das starke Brennen vollends die Oberhand gewinnt. Manche werden die Klassifizierung als zu großzügig ansehen. Nur zum Mixen geeignet.

Gorbatschow

GRUNDDATEN

Inhaber Henkell & Söhnlein Sektkellerei

Brennerei Gorbatschow, Berlin

Produktion 1,4 Millionen Kisten

Alkoholgehalt Blaues Etikett 37,5 und 40 %vol
Schwarzes Etikett 50 %vol
Rotes Etikett 60 %vol

In den achtziger Jahren eröffneten sich für diesen Wodka Marketingchancen, von denen seine Konkurrenten nur träumen konnten. Gorbatschow hatte sich zwar bereits zuvor als eine der führenden Wodkamarken in Westdeutschland etablieren können, doch international war er so gut wie unbekannt. Doch dann folgte der sensationelle Aufstieg von Präsident Michail Gorbatschow. Die Marke wurde unter dem Slogan »Wodka der Freundschaft« 1987 auch auf den internationalen Markt gebracht, und die Verkaufszahlen überschritten Anfang der neunziger Jahre die Millionengrenze. Heute hat sich die Marktsituation wieder normalisiert, doch Gorbatschow ist weiterhin eine bedeutende Marke, die in über 50 Ländern vertrieben wird, in Osteuropa meist im Linzenzverfahren. Und noch immer ziert eine weiße Friedenstaube das Etikett.

Die Ursprünge reichen bis in das vorrevolutionäre Rußland zurück, als die Gorbatschows in St. Petersburg Wodka destillierten. Wie andere große Destillateure, etwa Smirnow oder Aslanov, verließen sie Rußland nach der Oktoberrevolution. 1921 nahmen sie in Berlin die Wodkadestillation wieder

BEWERTUNG

Gorbatschow
★★

auf; nach dem Zweiten Weltkrieg verbreitete sich die Marke dann in ganz Westdeutschland. Sie gehört heute der Weinkellerei Henkell & Söhnlein und erreicht in Deutschland einen Marktanteil von 45 Prozent.

Zur Herstellung wird ausschließlich Weizen verwendet, und es wird in der Brennerei in Berlin destilliert und rektifiziert. Nach dem kontinuierlichen Destillationsprozeß wird der Brand zweimal kohlegefiltert. Die Beurteilung dieser Marke ist schwierig, denn je nach Alkoholgehalt schwankt sie deutlich in der Qualität. Ich empfehle, den 50prozentigen Wodka zum Mixen zu verwenden, jedoch etwas weniger als üblich davon zu nehmen.

Daneben erzeugt die Firma einen frischen, spritzigen vorgefertigten Wodka Zitrone in der Dose. Er schmeckt nach Bitter Lemon und hat einen Alkoholgehalt von 5 %vol. Man kann noch etwas reinen Wodka dazugeben, damit er zusätzlichen Biß erhält.

GESCHMACKSNOTEN

GORBATSCHOW

Die Variante mit 40 %vol weist einen unangenehmen Geruch nach Kohl auf, was auf Reste von Dimethylthiazolen hindeutet. Sehr süß am Gaumen, auch dort leichter Kohlgeschmack und Spuren verbrannten Zuckers. Am Anfang mild, zunehmendes Brennen durch den Alkohol. Die Versionen mit 50 und 60 %vol unterscheiden sich jedoch grundlegend. Unverfälscht und rein in der Nase, nur Spuren von Alkohol. Üppig am Gaumen, aber ohne den störenden Beigeschmack der leichteren Version. Leichtes Brennen. Dies sind die besseren Sorten, auf die sich auch die Bewertung bezieht.

Gordon's

GRUNDDATEN

Inhaber United Distillers

Brennerei Plainfield, Illinois

Produktion 2 Millionen Kisten

Alkoholgehalt 40 % und 50 %vol
Orange und Wildberry 40 %vol
Citrus 37,5 %vol

Wie das Schwesterunternehmen Tanqueray Sterling ist Gordon eher als Ginhersteller bekannt. Während der Wodka von Tanqueray jedoch in Großbritannien hergestellt wird, wird Gordon's vornehmlich in Plainfield (Illinois) und Kanada für den lokalen Markt produziert. Doch wie Sterling ist auch Gordon's hauptsächlich in den USA erhältlich, wo seine aromatisierten Varianten ausschließlich vertrieben werden.

Gordon's Wodka wird seit den fünfziger Jahren in Illinois hergestellt, als Wodka in den USA in Mode kam, und ist heute eine der bedeutendsten Marken. Rektifiziert wird ausschließlich in Anlagen von United Distillers, wo man von einer zweihundertjährigen Erfahrung bei der Gindestillation profitiert. Man

BEWERTUNG

Gordon's Vodka
★★★

Gordon's Citrus
★

Gordon's Wildberry
★

Gordon's Orange
★★

verwendet nur hochwertiges Getreide aus dem Mittleren Westen; nach kontinuierlicher Destillation wird der Brand kohlegefiltert.

Für die aromatisierten Sorten werden ausschließlich natürliche Fruchtessenzen benutzt, etwa Orangen aus der Karibik, die man nach der Destillation zusetzt. Alle drei Varianten sind klar.

Alle getesteten Wodkas wurden in den USA erzeugt und eignen sich besonders zum Mixen. Die aromatisierten Versionen ergeben interessante Wodka Tonics.

GESCHMACKSNOTEN

GORDON'S

Äußerst neutral in der Nase, mit einem kaum wahrnehmbaren Hauch von Äthylalkohol, doch ohne jeden Fremdgeruch. Am Gaumen sehr üppig, durch den trockenen Alkoholgeschmack herrlich ausbalanciert. Sehr mild – wunderbar, fast ohne jegliches Gefühl von Nadelspitzen –, schön rund, mit hervorragendem Mundgefühl. Besonders zu empfehlen, wenn Sie einen üppigen, vollen Wodka mögen. Für Cocktails verwenden.

GORDON'S CITRUS

Zur Abrundung der Limonen- und Zitronenessenzen wird Orangenschalenöl von Früchten aus der Karibik verwendet; die feinen, unverfälschten Aromen gehen eine angenehme Verbindung ein. Mild am Gaumen mit leichter Säure, ein wenig süß. Im Abgang verflüchtigt sich der Fruchtgeschmack relativ schnell.

GORDON'S ORANGE

Sehr leicht in der Nase und etwas eindimensional. Der Orangengeschmack, der deutlich in den Vordergrund tritt, ist etwas zu süß und durchdringend. Er bleibt etwas länger im Mund.

GORDON'S WILDBERRY

Sehr kräftiges Aroma. Süß, leicht blumig und etwas unangenehm am Gaumen; stark alkoholische Note im Hintergrund. Nichts für meinen Geschmack.

Huzzar

GRUNDDATEN

Inhaber Irish Distillers

Brennerei Cork, Irland

Produktion 100 000 Kisten

Alkoholgehalt 37,5 %vol

Die Iren kennen sich mit dem Destillieren aus, und es gibt Hinweise, daß es irische Mönche waren, die diese Kunst im Mittelalter lebendig erhielten. Diese stolze Tradition wird heute von der Firma Irish Distillers fortgesetzt, einer Tochterfirma des französischen Konzerns Pernod Ricard. Sie produziert die Marken Jameson und Bushmills, nach Auffassung vieler Kenner die besten Whiskeys der Welt, sowie den Huzzar und den berühmten Cork Dry Gin als klare Spirituosen.

Die Maische für den Huzzar besteht aus Mais und etwas gemälzter Gerste. In der historischen Brennerei Midleton in der Grafschaft Cork wird sie, wie bei irischen Branntweinen üblich, dreimal destilliert, der Brand anschließend kohlegefiltert. Das Ergebnis ist ein typischer Wodka nach westlichem Geschmack, der sich gut zum Mixen eignet.

BEWERTUNG
Huzzar
★

Die Brennerei Midleton verfügt über ein Besucherzentrum, und eine Besichtigung des Betriebes lohnt allein wegen der größten Destillierblase der Welt, auf die man hier stolz ist.

GESCHMACKSNOTEN

HUZZAR

Sehr reines Bukett mit ganz geringen Alkoholspuren. Dies wiederholt sich am Gaumen, wo der Wodka leicht und sehr mild ist, aber leichte Karamelnoten aufweist. Kurz und neutral im Abgang.

Ikonova

GRUNDDATEN

Inhaber Boisset

Brennerei Nuits St. George, Frankreich

Produktion nicht bekannt

Alkoholgehalt 37,5 %vol

Dies ist ein weiterer Wodka der Boisset-Gruppe aus Nuits St. Georges in Burgund, wo auch die aromatisierte Wodkareihe 1822 durch die Tochterfirma J. Morin hergestellt wird.

Über diese Marke, die nur in Frankreich erhältlich ist, gibt es nur wenig Informationen. Der Rohalkohol (oder sogar das fertige Destillat?) ist eine Importware aus 100 Prozent Getreide, die Bezugsquellen sind ein streng gehütetes Geheimnis, ebenso der Produktions- und Filtrationsvorgang. Ich verstehe diese Geheimniskrämerei zwar nicht ganz, doch das Ergebnis kann sich sehen lassen. Auch die Aufmachung ist interessant, wenn auch nicht ganz so ambitioniert wie die des 1822.

BEWERTUNG

Ikonova
★★

GESCHMACKSNOTEN

IKONOVA

Im Aroma profillos und vermutlich einer der neutralsten Wodkas, die in diesem Guide vorgestellt werden. Kompakt und leicht ölig am Gaumen, sehr mild, mit einem Hauch von Nadelspitzen im Hintergrund. Rein im Geschmack mit akzeptablem Abgang. Viel mehr gibt es über ihn nicht zu sagen: ein typischer West-Wodka, doch nicht so leicht und frisch wie andere. Am besten zum Mixen verwenden.

Iskra

GRUNDDATEN

Inhaber Fourcroy

Brennerei Brüssel, Belgien

Produktion 3000 Kisten

Alkoholgehalt 37,5 %vol

Iskra (Der Funke) hieß die von Lenin herausgegebene Exilzeitung der Bolschewiki. Hier handelt es sich jedoch um eine belgische Wodkamarke, ungeachtet des russischen Namens und des zaristischen doppelköpfigen Adlers auf dem Etikett. Sie wird von dem Familienunternehmen Fourcroy hergestellt, das 1892 mit dem Likör Mandarine Napoléon in das Spirituosengeschäft einstieg und auch die Marke Van Hoo produziert.

BEWERTUNG

Iskra

★★

Der Wodka kam 1978 auf den Markt und wird hauptsächlich in den Beneluxstaaten verkauft. Er wird in der firmeneigenen Brennerei in Brüssel ganz aus Melasse hergestellt und mit Aktivkohle gefiltert.

Das Ergebnis ist ein guter, neutraler Wodka typisch westlichen Stils.

GESCHMACKSNOTEN

ISKRA VODKA

Neutral und geruchlos. Sehr rein und etwas süßlich, wie bei einem Melasse-Wodka zu erwarten, aber nicht penetrant. Recht sanft und mild am Gaumen. Angenehm langer, leicht süßer Abgang. Ein ordentlicher, sauber destillierter Melasse-Wodka. Eisgekühlt schmeckt er auch pur, eignet sich aber noch besser zum Mixen.

Monopol

GRUNDDATEN

Inhaber A.S. Remedia

Brennerei Kiiu, Estland

Produktion nicht bekannt

Alkoholgehalt 37,5 %vol

Dies ist kein »Westler«, sondern ein Este: Auch im Baltikum gibt es eine lange Wodka-Tradition, und von der Marke Viru Valge werden jährlich über eine Million Kisten verkauft. Monopol ist zwar eine kleinere, aber doch bedeutende estnische Marke.

BEWERTUNG

Monopol
★★

Hersteller ist die Firma Remedia in Kiiu. Hochwertiges Getreide aus der Gegend ist ein wichtiger Faktor für die Qualität des estnischen Wodkas. Er wird nach einem Rezept gebrannt, das angeblich aus dem 15. Jahrhundert stammt. Weitere Informationen waren nicht zu bekommen, doch ich vermute, daß man dem Wodka etwas Zucker zusetzt, um ihn weicher im Geschmack zu machen. Dies ist in Estland allgemein üblich und erklärt den üppigen Charakter, der eher dem russischen Wodka entspricht als dem im Westen bevorzugten.

GESCHMACKSNOTEN

MONOPOL

Sehr stechend, süßlich in der Nase, mit stärkeren Spuren von Pentanol. Leicht ölig und kompakt in der Konsistenz; sehr mild, am Ende machen sich leichte Spitzen bemerkbar, die eine übertriebene Süße verhindern. Mittellanger, süßlicher Abgang mit einem Hauch von Karamel. Bei Zimmertemperatur schmeckt er mir besser als eisgekühlt. Zum Mixen weniger geeignet.

Mr. Boston

GRUNDDATEN

Inhaber Barton Brands

Brennerei Owensboro (Kentucky),
Albany (Georgia)

Produktion nicht bekannt

Alkoholgehalt beide 40 %vol

Über diesen billig aufgemachten US-Wodka gibt es eigentlich wenig zu sagen; zur Produktpalette gehören auch Versionen mit Auberginen- und Brombeergeschmack. Als Teil von United Distillers ging die Marke 1995 an Barton Brands und wird heute in Kentucky und Georgia rektifiziert und gefiltert.

GESCHMACKSNOTEN

MR. BOSTON

Rein in der Nase, leicht alkohollastig und süß. Am Gaumen süßlich, doch unverfälscht. Spröde und adstringierend, mit ziemlich aggressivem Brennen, das sich aber bald reduziert. Sehr beständig im Geschmack. Bei großzügiger Bewertung hat er den einen Stern verdient. Als Basis für Longdrinks geeignet, aber nicht für Cocktails.

MR. BOSTON'S RIVA

Leichter Kohlgeruch mit Noten von Pentanol im Hintergrund. Süß am Gaumen mit starkem Brennen im Mund. Kurzer Abgang.

Sie ist nicht gar nicht so schlecht, wie sie aussieht, und ihre Qualität ist im Verhältnis zum Preis akzeptabel. Stört man sich nicht an einer gewissen Spröde, ist es ein ordentlicher Wodka westlicher Art. Von Riva, dem zweiten im Bunde, kann man dies allerdings nicht behaupten.

BEWERTUNG

Mr. Boston
★
Mr. Boston's Riva
nicht klassifiziert

Puschkin

GRUNDDATEN

Inhaber Berentzen

Brennerei Haselünne, Deutschland

Produktion 500 000 Kisten

Alkoholgehalt Puschkin Wodka 37,5 %vol
Puschkin Red 17,5 %vol
Puschkin Black Sun 16,6 %vol

Diese Marke wurde ursprünglich von der renommierten Firma König & Schlichte in Berlin hergestellt, die 1990 von Berentzen übernommen wurde, einem der größten deutschen Spirituosenproduzenten. Berentzen wurde 1758 gegründet und befindet sich noch immer in Familienbesitz. Der Wodka war auf dem Binnenmarkt bereits in den sechziger Jahren eine führende Marke und belegt dort heute – mit neuem Design – den zweiten Rang.

Die aromatisierten Aperitif-Varianten wollte ich anfangs gar nicht aufnehmen, doch beim Testen erwiesen sie sich als Offenbarung. Der klare Wodka ist ein gut gemachter, sorgfältig destillierter Branntwein. Im Gegensatz zu anderen Erzeugern verwendet Berentzen

ihn auch als Basis für die aromatisierten Versionen, statt irgendeines billigeren Alkohols. Sie sind sehr exotisch im Aroma und unverfälscht im Geschmack und erweisen sich als echte Partyknüller.

Den Alkohol, der durch eine Rohstoffbasis von Getreide, Kartoffeln und Melasse seinen üppigen Charakter erhält, bezieht man von der Bundesmonopolverwaltung für Branntwein. Er wird in Destilliersäulen zwei-

mal destilliert, anschließend rektifiziert und gefiltert – in der kleinen, aber technisch perfekten Brennerei im norddeutschen Städtchen Haselünne. Der Puschkin Red wird mit konzentriertem Blutorangensaft versetzt, der Black Sun mit dem Saft von Waldbeeren und der sibirischen Taigawurzel.

Puschkin Red wurde 1995 auf der Londoner Wine and Spirits Competition mit der Goldmedaille ausgezeichnet und im selben Jahr zur erfolgreichsten Spirituosenneuheit in Deutschland gekürt.

Die Produktionsanlagen in Haselünne beherbergen ein sehenswertes Museum zur Geschichte der Branntweindestillation.

GESCHMACKSNOTEN

PUSCHKIN VODKA

Sehr feines, unverfälschtes und neutrales Bukett mit Untertönen von Arznei. Im Mund sehr süß, doch ohne Anzeichen von Karamel. Leichter Alkoholgeschmack, aber mild, mit schnellem Abgang. Ein gut gemachter Wodka für alle, die den üppigen, süßen Typ lieben.

PUSCHKIN RED

Trüb mit orangerosa Färbung. Sehr angenehmes, unverfälschtes Aroma von Blutorangen. Intensiver Geschmack. Süß und etwas herb, jedoch nicht unangenehm am Gaumen. Bleibt lange im Mund.

PUSCHKIN BLACK SUN

Schwarz mit violetter Tönung. Bei Geruch und Geschmack dominieren Grapefruitanteile, aber auch das Aroma der Beeren schlägt durch. Süß, ohne unangenehm zu sein. Pur und gut gekühlt trinken.

Rasputin

GRUNDDATEN

Inhaber Dethleffsen

Rektifizieranlage Flensburg

Produktion 1 Millionen Kisten

Alkoholgehalt Rasputin Magic 40 %vol
Rasputin Prestige 40 %vol
Rasputin Citron 40 %vol
Rasputin Cranberry 40 %vol

Gleich viermal blickt er einem finster entgegen, zweimal vom Etikett, einmal vom Flaschenhals und schließlich von einer kleinen Manschette, die in verschiedenen Farben oszilliert: der legendäre Mönch Grigorij Rasputin, der eine Schlüsselrolle beim Niedergang der Romanow-Dynastie spielte.

Die Marke wird von der Firma Dethleffsen hergestellt, deren Ursprünge bis ins Jahr 1738 zurückgehen. Zunächst war sie ein reines Handelsunternehmen, das jedoch schon bald seine eigene Brennerei besaß. 1890 wurde die Firma zwischen Hermann Georg und Diederich Dethleffsen in zwei eigenständige Unternehmensbereiche aufgeteilt, die sich jeweils auf das Holzgeschäft und die Branntweinproduktion konzentrierten. Die Spirituosenfirma, noch heute im Familienbesitz, produziert unter anderem Aquavit und Rum.

BEWERTUNG

Rasputin Magic
nicht klassifiziert

Rasputin Prestige
nicht klassifiziert

Rasputin Citron
★

Rasputin Cranberry
★

Rasputin Magic, der in den achtziger Jahren auf den Markt kam, eroberte sich bald einen festen Käuferstamm, besonders in Osteuropa. Der höherwertige Prestige rundete 1995 die Produktpalette ab.

Ungeachtet einer langen Tradition im Destillieren klarer Branntweine kauft Dethleffsen den Rohalkohol aus Getreide von Zulieferern ein, der in der Flensburger Fabrik rektifiziert, verdünnt und gefiltert wird.

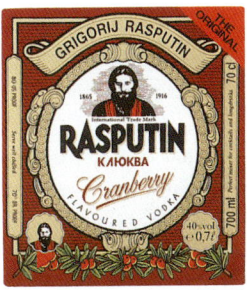

Die Rezepturen für die aromatisierten Varianten werden streng geheim-gehalten.

Ich selbst war von diesen Wodkas etwas enttäuscht, doch diese Ansicht scheint nicht repräsentativ zu sein, denn jährlich werden über 1 Million Kisten davon verkauft, selbst in Länder wie Australien, die Mongolei oder Israel.

GESCHMACKSNOTEN

RASPUTIN MAGIC
Zunächst sehr neutral im Aroma, doch dann tritt ein deutlicher Karamel-geruch hervor. Ziemlich spröde am Gaumen, wo auch der starke Geschmack von verbranntem Zucker zutage tritt.

RASPUTIN PRESTIGE
Leicht süßes Aroma mit Spuren von Zitrusfrüchten. Milder als der Magic, doch auch hier der aufdringliche Geschmack von Toffee und verbranntem Zucker.

RASPUTIN CITRON
Sehr herb und leicht »chemisch« im Geruch. Mit annehmbarer Milde, recht süß und anhaltend, im Geschmack etwas unnatürlich. Für Mix-Getränke akzeptabel.

RASPUTIN CRANBERRY
Dunkelrosa mit orangefarbenen und violetten Tönen. Ziemlich intensiv in der Nase mit angenehmem Preiselbeeraroma, leichte Spuren von Arzneigeruch. Süßlich am Gaumen, leichter Medizingeschmack und leichtes Brennen durch den Alkohol. Schöner Nachgeschmack. Meiner Meinung nach der beste in dieser Reihe.

Royalty

GRUNDDATEN

Inhaber Hooghoudt Distillers B.V.

Brennerei Groningen, Niederlande

Produktion nicht bekannt

Alkoholgehalt 40 %vol

Dieser Wodka wird seit 1888 von Hero Jan Hooghoudt gebrannt, dessen Firma anläßlich ihres 100. Betriebsjubiläums zum königlichen Hoflieferanten ernannt wurde. Er wird ganz aus holländischem Weizen hergestellt, das Wasser mit speziellen Filtern unter Hochdruck gereinigt. Destilliert wird bei relativ niedriger Temperatur, wobei eine besondere Vakuum-Technik das Karamelisieren verhindert. Danach wird in einer Vier-Säulen-Anlage rektifiziert. Zum Filtern wird der Wodka dann aufwärts durch fünf Filtersäulen mit Aktivkohle geschickt, die man aus Torf gewinnt.

Das Ergebnis ist ein hervorragender Wodka, zweifellos einer der besten westlicher Provenienz.

BEWERTUNG

Royalty
★★★

GESCHMACKSNOTEN

ROYALTY

Sehr leicht in der Nase, mit geringen Spuren von reinem, feinem Äthanolgeruch im Hintergrund. Kein Hinweis auf Fremdstoffe. Am Gaumen sehr mild und seidig, ziemlich süß und üppig. Ein leichtes Stechen durch den Alkohol wird nur offenkundig, wenn der Wodka lange am Gaumen bleibt. Sehr beständig im Mund.

Schenley

GRUNDDATEN

Inhaber Barton Brands

Rektifizieranlagen Owensboro (Kentucky),
Albany (Georgia)

Produktion nicht bekannt

Alkoholgehalt 40 %vol

Dieser elegant aufgemachte US-Wodka wurde zunächst von dem Brennerei- und Importunternehmen Schenley Distillers produziert. Viele Jahre lang war die Firma in den USA für den Dewar's White Label Scotch verantwortlich, bevor sie 1987 vom Besitzer der Marke, dem britischen Konzern United Distillers, aufgekauft wurde, der wiederum Teil der Guinness-Gruppe ist. Im Jahr 1995 wurde sie zusammen mit mehreren anderen Marken und Produktionsanlagen in Kentucky und Georgia von Barton Brands erworben.

Es gibt kaum Informationen über diesen Wodka, außer daß er noch immer in Kentucky und Georgia aus Getreide hergestellt wird.

Eindeutig ein Wodka zum Mixen.

BEWERTUNG

Schenley Superior

nicht klassifiziert

GESCHMACKSNOTEN

SCHENLEY SUPERIOR

Zunächst sehr neutral in der Nase, doch bald entwickelt sich ein starker Geruch nach Toffee und verbranntem Zucker. Ein sehr süßer Wodka mit kräftigem Toffeegeschmack und leichtem Brennen. Alkoholischer Abgang mit etwas Feuer. Insgesamt enttäuschend.

Selekt

GRUNDDATEN

Inhaber Richmond Distillers

Brennerei Warrington, England

Produktion nicht bekannt

Alkoholgehalt 40 %vol

Dies ist ein weiteres Label der in Luxemburg ansässigen Gesellschaft Richmond Distillers, trotz des russischen Adlers und der kyrillischen Beschriftung ist es ein typischer Wodka westlicher Provenienz. Die Firma gehört teilweise zu G. & J. Greenall, die in England bereits seit 1761 klare Spirituosen herstellen und denen auch die Marke Black Death gehört.

BEWERTUNG

Selekt
★★★

Die Firma kauft den Rohalkohol in Großbritannien, rektifiziert ihn in der funktionalen und hocheffizienten Anlage von Greenall in Warrington (Cheshire) und filtert ihn schließlich über Kohle. Wie beim Black Death hüllt sie sich bezüglich des Ausgangsmaterials in Schweigen, doch ich tippe auf Melasse, da das Endprodukt recht üppig ist.

Meiner Meinung nach ist dies die weitaus bessere der beiden Marken.

GESCHMACKSNOTEN

SELEKT

Sehr rein in der Nase mit ganz geringen Spuren von Chinin im Hintergrund, das am Gaumen stärker wird und zum üppigen Charakter des Wodkas beiträgt. Dennoch frisch und leicht in der Konsistenz und ganz unverfälscht. Recht langer Abgang. Für meinen Geschmack ein sehr angenehmer Wodka, den ich gerne pur trinke.

Skol

GRUNDDATEN

Inhaber Barton Brands

Rektifizieranlagen Owensboro (Kentucky),
Albany (Georgia), Los Angeles (Kalifornien)

Produktion nicht bekannt

Alkoholgehalt 40 %vol

Skol wird seit 1849 hergestellt, ursprünglich von dem Familienunternehmen J. A. Dougherty. Neben dem Wodka gibt es auch einen Gin und einen Rum gleichen Namens. Die Marke befand sich kurzfristig in britischem Besitz, als United Distillers sie als Teil von Glenmore erwarb; 1995 wurde sie jedoch zusammen mit anderen Marken an Barton Brands verkauft.

Der Wodka wird in den Anlagen von Barton in Kalifornien, Kentucky und Georgia rektifiziert. Ausgangsmaterial ist Getreide.

BEWERTUNG

Skol Premium
★

GESCHMACKSNOTEN

SKOL PREMIUM
Völlig geruchlos, sogar ohne jeden Anflug von Alkohol. Süßlich am Gaumen, mit leichtem Getreidearoma. Von annehmbarer Milde, auch wenn er ein leichtes Stechen entwickelt. Süßer, ziemlich kurzer Abgang. Obwohl er mehr Charakter besitzt als andere US-Wodkas, empfehle ich ihn eher zum Mixen.

Smirnoff

GRUNDDATEN

Inhaber Pierre Smirnoff Company

Brennereien verschiedene in der ganzen Welt

Produktion 14,4 Millionen Kisten

Alkoholgehalt Smirnoff Red 37,5 % und 40 %vol
Smirnoff Blue 50 %vol
Smirnoff Citrus 37,5 %vol

Im Westen gilt der Smirnoff heute fast als Synonym für Wodka, und mit seinem Namen verbindet sich die wohl beeindruckendste Erfolgsstory in der Spirituosenindustrie der Nachkriegszeit. Seine jährlichen Verkaufszahlen liegen nur knapp unter der 15 Millionen-Kisten-Grenze, und die Pierre Smirnoff Company, Tochterfirma des britischen Konzerns International Distillers & Vintners, gibt stolz an, daß täglich weltweit etwa 500 000 Flaschen getrunken werden.

1818 ließ Iwan Smirnow das Unternehmen I. A. Smirnow & Familie in Moskau registrieren

Moskau, 1902. Mit dem Smirnoff Black kehrte
der Wodka zu seinen Ursprüngen zurück.

und begann mit der Wodkaproduktion in einem Gebäude, das kurz zuvor im Krieg gegen Napoleon zerstört worden war. Doch erst unter seinem Großneffen Pjotr Arsenewitsch erlebte die Firma den entscheidenden Aufschwung. Der leidenschaftliche Destillateur zahlte seine Miteigentümer aus und baute die

Brennerei völlig neu auf. Er verlegte den Hauptsitz ins Pjatnitskaja-Gebäude im Zentrum Moskaus, wo sich heute das Gerichtsmedizinische Institut befindet, in dem die Überreste von Zar Nikolaus II. und seiner Familie identifiziert wurden.

Seinen großen Durchbruch erlebte er 1886 auf einer Messe in Nižnij Nowgorod, wo es ihm gelang, mit einem lebendigen Bären an seinem Stand die Aufmerksamkeit Zar Alexanders III. auf sich zu ziehen. Nachdem dieser seinen Wodka probiert hatte, ernannte er Smirnow umgehend zum Exklusivlieferanten des Zarenhofes. Vergleichbare Auszeichnungen durch den schwedischen und spanischen Königshof folgten, und bald begann man nach ganz Westeuropa und in die USA zu exportieren.

Um die Jahrhundertwende produzierte die Firma jährlich 3,5 Millionen Kisten Wodka und beschäftigte 1500 Leute. Die Einnahmen betrugen 38 Millionen Rubel (nach heutigem Maßstab etwa 30 Millionen DM), und die Smirnows wurden eine der reichsten Familien der Welt.

Dies alles wurde nach der Oktoberrevolution zunichte gemacht, als alle privaten Unternehmen enteignet wurden. Die Brennerei Smirnow wurde in eine staatliche Reparaturwerkstätte umgewandelt, und Nikolaij Smirnow starb viele Jahre später völlig mittellos in Moskau. Sein Bruder Wladimir konnte entkommen, nachdem er bereits einem Exekutionskommando gegenübergestanden hatte, im letzten Moment jedoch begnadigt worden war.

Im Exil bemühte sich Wladimir zunächst erfolglos, das Familienunternehmen neu aufzubauen. Nach Fehlschlägen in Konstantinopel und Polen betrieb er schließlich eine kleine

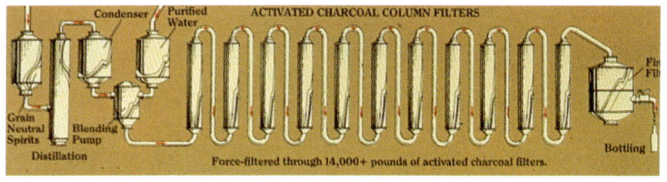

Jeder Wodka der Smirnoff Co. wird einem besonderen Filtrationsprozeß unterzogen, wodurch er eine außergewöhnliche Reinheit erhält.

Brennerei in Courbevoie nahe Paris. Hier traf er seinen ehemaligen Getreidelieferanten Rudolph Kunett, dem er die Exklusivrechte an Produktion und Herstellung in den USA, Kanada und Mexiko abtrat. 1933 erfolgte die Registrierung der Ste.-Pierre Smirnoff Fils, wie man den Familiennamen inzwischen schrieb, in New York. Den Rest der Smirnoff-Story habe ich bereits beschrieben (siehe Seite 46f.).

Heute produziert Smirnoff in verschiedenen Ländern, darunter auch Rußland und Polen, betont jedoch ausdrücklich, daß Qualität und Charakter absolut identisch seien, da überall nach Moskauer Originalrezept der Smirnows gebrannt werde. Von dieser Theorie bin ich zwar nicht ganz überzeugt, aber jedenfalls ist die Marke relativ beständig.

GESCHMACKSNOTEN

SMIRNOFF RED UND SMIRNOFF BLUE

Die Variante mit 37,5 %vol ist völlig rein und geruchlos. Mild und leicht am Gaumen, mit nur geringem Stechen, unverfälscht und klar mit wenig Restsüße. Leicht alkoholbetont im Abgang.

Bei 40 %vol dagegen zeigt der Wodka Geruchsspuren von Getreide und Alkohol und ist etwas üppiger am Gaumen; doch weist er noch immer alle Kennzeichen von Reinheit, Milde und Leichtigkeit auf.

Ebenso üppig ist der Smirnoff Blue, obwohl hier, wie zu erwarten, der Alkohol etwas stärker brennt, wenn man ihn pur trinkt. Dennoch ist er weit weniger aggressiv als andere Marken mit 50 %vol. Meiner Meinung nach setzt Smirnoff die Standards, an denen alle Wodkamarken aus dem Westen gemessen werden sollten. Manche sind zweifellos besser, doch unzählige sind wesentlich schlechter. Berücksichtigt man das enorme Produktionsvolumen, so muß man dies als Meisterleistung anerkennen.

SMIRNOFF CITRUS

Sehr leicht in der Nase, doch rein und mit unverfälschtem Zitronenaroma. Am Gaumen etwas süß und ein wenig eindimensional, mit leichtem Brennen durch den Alkohol. Lang anhaltender Geschmack im Abgang.

Der Wodka wird stets aus hochwertigem neutralem Getreidebrand hergestellt, der in den firmeneigenen Anlagen in hohen Säulen rektifiziert wird. Dieser Vorgang beansprucht ganze 24 Stunden. Danach wird der Alkohol mit Wasser verdünnt, das kohlegefiltert und durch ein Ionenaustauschgerät geleitet wurde. Die Mischung hat einen Alkoholgehalt von 57 %vol und wird durch bis zu zehn Filtersäulen gepumpt, die Aktivkohle aus Hartholz enthalten. Da jeder Tropfen Alkohol sieben Tonnen Holzkohle passieren muß, dauert der Filtervorgang insgesamt mindestens acht Stunden. Mit gereinigtem und entmineralisiertem Wasser wird der Alkohol schließlich bis zur gewünschten Stärke verdünnt.

Das Ergebnis ist ein außerordentlich reiner Branntwein. Ob dieser allerdings noch viel mit dem ursprünglichen Wodka der Smirnows in Moskau zu tun hat, ist eine andere Frage. Kürzlich brachte die Firma den Smirnoff Black auf den Markt, der in einem ganz anderen Produktionsverfahren ausschließlich in Rußland hergestellt wird (siehe Seite 165). Für die Verkostung hatte ich einen 37,5prozentigen Red aus Großbritannien sowie einen vierzigprozentigen Red und einen fünfzigprozentigen Blue aus den Vereinigten Staaten zur Verfügung.

Pjotr Arsenewitsch, der Großneffe
des Brennereigründers Iwan Smirnow,
der den Firmensitz ins Pjatnitskaja-
Gebäude im Zentrum Moskaus verlegte.

Tanqueray Sterling

GRUNDDATEN

Inhaber United Distillers

Brennerei Laindon, England

Produktion 250 000 Kisten

Alkoholgehalt 40 %vol, 50 %vol

Der Name Tanqueray wird meist eher mit Gin als mit Wodka in Verbindung gebracht, und Tanqueray-Gin, die wichtigste Importmarke in den USA, wird als der beste der Welt angesehen. Doch auch der Sterling-Wodka ist ein Brand, der diesen berühmten Namen zu Recht trägt.

BEWERTUNG

Tanqueray Sterling
★★★★

Tanqueray Sterling Citrus
★★★★

Die Tanquerays waren eine französische Hugenotten-Familie, die im frühen 18. Jahrhundert nach England auswandern mußte. David, Begründer der englischen Linie, wurde offizieller Silberschmied des königlichen Hofes. Sein Nachkomme Charles begann 1830 mit dem Destillieren von Gin, vermutlich im East End von London. Später wechselte er in den Norden der Stadt und fusio-

nierte schließlich 1898 mit der größeren und bekannteren Brennerei Gordon's. Dennoch konnten beide Marken bis heute ihren eigenständigen Charakter bewahren. Inzwischen gehört Tanqueray zu United Distillers, und sowohl der Gin als auch der Wodka werden in einer hochmodernen Anlage in Laindon (Essex) produziert. Teile der originalen Destillationsapparatur wurden 1989 hierher gebracht, im selben Jahr, in dem der Sterling auf den Markt kam.

Hugh Williams, der Brennmeister von Tanqueray Sterling, der ein halbes Leben lang für die Firma tätig war, verwendet ausgesuchten Alkohol, der mittels zweifacher langsamer kontinuierlicher Destillation hauptsächlich aus Weizen gewonnen wurde. Danach erfolgt ein dritter Destillationsgang, durch den sich der Sterling von den meisten seiner Rivalen unterscheidet. Er läuft in einer kupfernen Destillierblase ab, die »Old Tom« genannt wird und aus dem Jahr 1780 stammt. Danach wird der Alkohol kohlegefiltert, bis er einen unübertroffenen Reinheitsgrad erreicht hat. Für den Citrus werden nach der Destillation natürliche Essenzen von Zitronen und Limonen zugesetzt.

Geschmacksnoten

TANQUERAY STERLING

Dieser erlesene Wodka wird in einer mattierten Flasche verkauft. Kristallklar, völlig unverfälscht in der Nase, ohne jeglichen Anflug von Fremdstoffen. Etwas süß, rund und weich am Gaumen und von ausgesprochener Milde, ein Ergebnis der dritten Destillation. Eine leichte Alkoholnote bis in den Abgang. Der Sterling ist so unverfälscht und rein, wie man ihn sich nur wünschen kann, und damit zweifelsfrei einer der großen Wodkas aus dem Westen. Genießen Sie ihn pur, direkt aus dem Kühlfach. Mit einem kleinen Schuß trockenen Wermuts erhalten sie einen wirklich ausgezeichneten Wodka Martini.

Das Ergebnis sind zwei hervorragende Wodkas, die sich mit jedem anderen großen Wodka messen können. Leider werden sie fast ausschließlich in den USA vertrieben.

Hugh Williams, der Brennmeister von Tanqueray Sterling, bei der Arbeit.

GESCHMACKSNOTEN

TANQUERAY STERLING CITRUS

Äußerst subtil, elegant und vielschichtig in der Nase, mit einem erfrischenden Hauch von Zitronen und Limonen. Nicht so aufdringlich wie manch anderer Zitronenwodka. Sehr trocken, frisch und mild am Gaumen, mit einer faszinierenden Kombination von Zitronen- und Limonenkomponenten. Vielschichtiger und weniger flach als viele seiner Rivalen und sehr beständig im Geschmack. Auch ihn trinkt man am besten pur und eisgekühlt. Er eignet sich aber auch für Wodka Tonic, für den man dann keine Zitronen- oder Limonenscheibe mehr benötigt.

Tindavodka

GRUNDDATEN

Inhaber Catco

Rektifizieranlage Reykjavík, Island

Produktion 10 000 Kisten

Alkoholgehalt 37,5 %vol und 40 %vol

Die Marke kam in den frühen siebziger Jahren auf den Markt und ist nur in Island erhältlich. Dort hat sie jedoch einen bemerkenswerten Erfolg und konnte sich von Beginn an unter den drei Marktführern etablieren.

Die Erzeugerfirma ist Catco, die auch den nobleren Elduris produziert. Der Wodka, der aus Getreide hergestellt und dreifach destilliert wird, wird fertig eingekauft und in der firmeneigenen Anlage in Reykjavík abgefüllt.

BEWERTUNG

Tindvodka
nicht klassifiziert

Verdünnt wird er mit isländischem Wasser, das das klarste und reinste der Welt sein soll. Er wird in Versionen mit 37,5 oder 40%vol angeboten; die Geschmacksnoten beziehen sich auf letztere.

GESCHMACKSNOTEN

TINDAVODKA

Äußerst neutral in der Nase. Unangenehm süß am Gaumen wegen der dominanten Toffeenote und etwas beißend, doch in seiner Milde annehmbar. Der starke Toffeegeschmack macht sich auch im Abgang bemerkbar.

Van Hoo

GRUNDDATEN

Inhaber Fourcroy

Brennerei Eeklo, Belgien

Produktion nicht bekannt

Alkoholgehalt 40 %vol

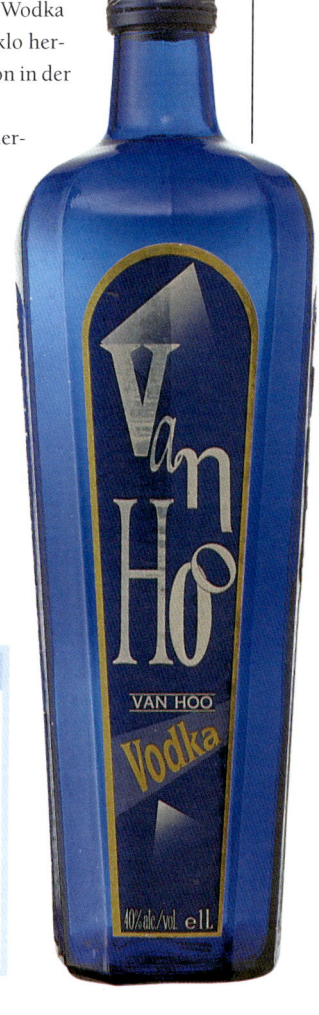

Als eine der jüngsten Marken, die erst Ende 1996 auf den Markt gebracht wurde, wird dieser Wodka gleichwohl in Belgiens ältester Brennerei in Eeklo hergestellt, einer Region, die auf eine lange Tradition in der Branntweindestillation zurückblickt.

Die Van Hoorebekes, ursprünglich eine Brauerfamilie, wandten sich Mitte des 18. Jahrhunderts der Destillation von Jenever zu. Heute ist Van Hoorebeke die älteste Jenever-Marke Belgiens. Sie befindet sich inzwischen im Besitz der Firma Fourcroy, die besonders für ihren Likör Mandarine Napoléon bekannt ist, aber auch die Wodkamarke Iskra herstellt.

BEWERTUNG

Van Hoo

★

Der Van Hoo wird ganz aus Getreide gewonnen, sowohl in Säulen als auch in Blasen destilliert und kohlegefiltert. Zur Brennerei gehört auch ein kleines Museum.

GESCHMACKSNOTEN

VAN HOO

Deutliche Zitrus- und Chinin-Noten in der Nase. Am Gaumen tritt das Chinin sogar noch stärker hervor. Recht aggressives Stechen; generell fehlt es ihm an Milde, was überrascht, da er zum Teil in Destillierblasen gebrannt wird. Der Geschmack ist recht beständig. Wäre er milder, würde ich ihn höher einstufen.

Von Haupold

Grunddaten

Inhaber Rives Pitman S.A.

Brennerei Puerto de Santa María, Spanien

Produktion 50 000 Kisten

Alkoholgehalt 37,5 %vol

Die Marke wird in der Sherry- und Weinbrand-Stadt Puerto de Santa María in Südspanien produziert. Sie gehört dem Spirituosenkonzern Osborne, einem der größten Weinbranderzeuger Spaniens, und der Familie Haupold, den direkten Nachfahren des Firmengründers. Augusto Haupold war einer der ersten, die dort Gin brannten. 1880 gründete er die Firma Rives Pitman, heute einer der größten Ginproduzenten des Landes.

Destillation und Rektifizierung finden in firmeneigenen Anlagen statt, so daß die Kontrolle über den gesamten Herstellungsprozeß gesichert ist. Dabei wird nur bester Alkohol, in etwa 20 Meter hohen Säulen dreifach destilliert, für den Wodka verwendet, der mit einer Stärke von 37,5 %vol abgefüllt wird.

Bewertung

Von Haupold

★★

Geschmacksnoten

VON HAUPOLD

Leicht stechend in der Nase, mit einem deutlichen Anklang von Zitrusfrüchten. Zweifellos wurde etwas Zitronenessenz zugesetzt. Sehr mild am Gaumen. Geschmack und Konsistenz sind üppig und mundfüllend. Langer, anhaltender Geschmack.

Vikingfjord

GRUNDDATEN

Inhaber Arcus Produkter

Rektifizieranlage Oslo, Norwegen

Produktion 25 000 Kisten

Alkoholgehalt 40 und 50 %vol

Dieser ungewöhnliche Kartoffelwodka wurde 1985 entwickelt, um aus der enormen Beliebtheit skandinavischer Wodkas auf dem US-Markt Kapital zu schlagen. Zunächst wurde er im Joint-Venture-Verfahren vom norwegischen Branntweinmonopol Vinmonopolet und dem Smirnoff-Produzenten Heublein hergestellt. Als Heublein jedoch von der britischen International Distillers & Vintners (IDV) übernommen wurde, mußten sich die Norweger aus dem Geschäft zurückziehen, da IDV mit Finlandia und Absolut bereits zwei skandinavische Wodkas in den USA vertrieb. Die Marke wurde daher an die norwegische Firma Arcus Produkter veräußert.

Diese bezieht den Rohalkohol aus Kartoffeln, der zum Großteil durch Säulendestillation gewonnen wird, von vier norwegischen Brennereien. Ein kleiner Teil wird in Blasen destilliert, um das Aroma zu verbessern. In der firmeneigenen Anlage in Oslo erfolgt die Rektifizierung, die den Alkohol-

GESCHMACKSNOTEN

VIKINGFJORD

Das Aroma dieses Wodkas ist so neutral, daß es eigentlich nicht wahrzunehmen ist. Ziemlich süß und schwer am Gaumen, äußerst mild und mundfüllend. Unverfälscht, jedoch mit kurzem, leicht alkoholischem Nachgeschmack. Versuchen Sie ihn eisgekühlt.

gehalt von 95 %vol auf 96 %vol ansteigen läßt. Zum Verdünnen verwendet man Gletscherwasser, das einem Ionenaustausch unterzogen wurde, um ihm Calcium zu entziehen. Daran schließt sich eine dreistufige Filtrierung durch Sand- und Kohlefilter an.

Die meisten Destillateure verwerfen Kartoffeln als Ausgangsmaterial, da ihre Stärke nur schwer zu gewinnen und in Zucker umzuwandeln ist. Ich neige grundsätzlich dazu, ihnen recht zu geben, doch Vikingfjord stellt eine Ausnahme dar – gut gemacht und unverfälscht, beweist er, daß auch Kartoffelwodka hohe Qualitätsansprüche erfüllen kann. Leider ist er nur in Skandinavien und in den USA erhältlich.

BEWERTUNG

Vikingfjord
★★

Genießen Sie diesen Wodka eiskalt.

Virgin

GRUNDDATEN

Inhaber Virgin Spirits

Brennerei Girvan, Schottland

Produktion 208 000 Kisten

Alkoholgehalt 37,5, 40 und 50 %vol

Virgin ist das Produkt zweier renommierter britischer Firmen: William Grant & Sons, einer seit 1887 bestehenden Brennerei in Familienbesitz, wo man die noblen Whisky-Marken Glenfiddich und Grant's Standfast herstellt, und Virgin Enterprise, eine Firma des exzentrischen Unternehmers Richard Branson, Gründer der Schallplattenfirma Virgin Records, der später vor allem mit seiner Fluglinie und seinen Ballonabenteuern für Schlagzeilen sorgte.

Wie die meisten Produkte der Marke Virgin erwies sich auch der stilvoll präsentierte Wodka in bezug auf sein Marketing als innovativ: So war er der erste Wodka, der im britischen Fernsehen beworben wurde, der erste, in dessen Werbespot man einen Kuß zwichen Homosexuellen zeigte, und die erste Marke, die ein ganzes Wochenendprogramm im Fernsehen sponserte.

Virgin kam 1994 zunächst in London auf den Markt und wird seit 1995 auch landesweit und international vertrieben. Seither riß die Erfolgsserie nicht ab. Heute belegt er den dritten Rang unter den Mainstream-Wodkas in Großbritannien und ist

BEWERTUNG

Virgin Vodka
★★

in ganz Westeuropa und Nordamerika erhältlich; außerdem wird er in einer auffälligen blauen Mattglasflasche im Duty-Free-Handel angeboten.

Der Wodka wird in der Brennerei Girvan in Ayrshire in den schottischen Lowlands aus Getreide destilliert. Girvan erzeugt auch den Grundalkohol für die verschnittenen Versionen des Grant's-Whisky. Nach drei vollständigen Destillationsgängen in einer Acht-Säulen-Apparatur ist der gewonnene Branntwein ist so rein, daß er kaum noch gefiltert werden muß.

Über diesen modernen, »schicken« Wodka kann man nur wenig sagen. Er ist eindeutig zum Mixen gedacht; halten Sie sich dafür an die niedrigprozentigen Versionen!

GESCHMACKSNOTEN

VIRGIN VODKA

Äußerst neutral, mit ganz leichten Spuren von Alkoholgeruch. Kompakt in der Konsistenz, ziemlich süß, doch unverfälscht. Sehr mild, mit kaum einer Andeutung von Stechen. Kurzer Abgang. Die fünfzigprozentige Version ist noch neutraler in der Nase als die 37,5prozentige, doch das Muster, das ich zur Verfügung hatte, wies Spuren von Karamelisierung auf.

Vladivar

GRUNDDATEN

Inhaber Whyte & Mackay Group

Brennerei Glasgow, Schottland

Produktion nicht bekannt

Alkoholgehalt Vladivar 37,5 %vol
Vladivar Gold 57 %vol

Wer sich in den siebziger und frühen achtziger Jahren in Großbritannien aufhielt, dem ist sicherlich noch die berühmte Werbekampagne für diese Marke (»Ze vodka from Varrington«) im Gedächtnis, die damals G. & J. Greenall in Warrington (Cheshire) gehörte. Seither hat sich einiges verändert. Der Wodka hat an Profil verloren und befindet sich heute im Besitz der in Glasgow ansässigen Whyte & Mackay-Gruppe, einer Tochterfirma des US-Konzerns American Brands.

BEWERTUNG

Vladivar
★★

Der Vladivar wird aus Melasse gewonnen, in einer der Brennereien in Schottland dreifach in Säulen destilliert und anschließend durch mehrere Kohleschichten gefiltert, wodurch das Endprodukt eine besondere Reinheit erhält.

GESCHMACKSNOTEN

VLADIVAR

Außergewöhnlich neutral und rein im Geruch. Sehr leicht und ein wenig süß im Mund, äußerst mild, mit ganz geringen Andeutungen von Stechen. Unverfälschter, ziemlich kurzer Abgang. Mehr ist dazu nicht zu sagen. Vladivar ist der Inbegriff eines guten britischen Wodkas, der bis zum höchstmöglichen Reinheitsgrad destilliert wurde.

POLNISCHE WODKAS

Von den insgesamt etwa 1000 Wodkamarken, die auf dem polnischen Markt erhältlich sind, wird ein Großteil nur regional vertrieben. Die folgende Übersicht kann notgedrungen nur einen kleinen Teil des Angebots berücksichtigen. Aufgenommen wurden jedoch alle größeren Marken, die auch international verkauft werden, sowie alle Nobelbrände, die speziell für den Export produziert werden.

Doch das Land hat mit zahlreichen Probleme zu kämpfen, da nach der Abschaffung des alten planwirtschaftlichen Produktions- und Exportsystems die neuen marktwirtschaftlichen Strukturen noch immer nicht reibungslos funktionieren. Der größte Teil der polnischen Wodkaindustrie ist in 25 Polmos-Betrieben organisiert (siehe Seite 35), die den Rohalkohol von Kleinbrennereien kaufen, rektifizieren, filtern, verdünnen und abfüllen. In ihrem Gemeinschaftsbesitz befinden sich auch die bekannten Wodkamarken, wie Wyborowa, Żytnia und Zubrowka, die von jeder einzelnen dieser Fabriken hergestellt werden dürfen.

Krakau, Tuchhallen und Alter Markt. Die polnische Wodka-produktion ist größtenteils in 25 Polmos-Betrieben organisiert – staatseigene Fertigungsanlagen, in denen alle großen Marken hergestellt werden.

Bei diesen Betrieben jedoch gibt es erhebliche Diskrepanzen, nicht nur was ihre technische Ausstattung, sondern auch was ihre Sorgfalt beim Produktionsprozeß selbst anbelangt. Hinzu kommen erhebliche Unter-schiede in den Rohstoffen, etwa dem Getreide, das aus verschiedenen Tei-len des Landes stammt, oder dem zum Verdünnen verwendeten Wasser, durch die sich die Schwankungen im Qualitätsniveau der verschiedenen Marken erklären lassen.

Glücklicherweise erhielt Agros, die ehemalige staatliche Außenhan-delsgesellschaft, die Exportrechte für Wyborowa und Zubrowka für die meisten ausländischen Märkte. Dort ist ihre Qualität ziemlich stabil, da Agros nur von den führenden Polmos-Betrieben in Zielona Góra und Posen kauft. Dies gilt jedoch nicht für Teile Polens und diejenigen Länder, in denen sie nicht von Agros vertrieben werden.

Ganz allgemein läßt sich sagen, daß das polnische System besser funk-tioniert als das russische, da hier eher ein einheitlicher Wodkatyp von annähernd gleichbleibender Qualität gewährleistet ist.

Guter polnischer Wodka hat seinen eigenen Stil, und die hier vorge-stellten Marken spiegeln ihn recht gut wider. Genießen Sie ihn in Ruhe!

Belvédère

GRUNDDATEN

Inhaber Polmos Zyrardów

Rektifizieranlage Zyrardów, Polen

Produktion nicht bekannt

Alkoholgehalt 40 %vol

Dieser Wodka, der auch im Ausland mit großem Erfolg vertrieben wird, kam in Polen als zweite Luxusmarke nach dem Chopin auf den Markt, von dessen progressivem Verpackungsdesign man sich offensichtlich anregen ließ. So übernahm man nicht nur die glänzende Flasche, sondern auch das Fenster, durch das man eine Zeichnung auf der Rückseite betrachten kann, die durch den Wodka vergrößert erscheint. Das Bild auf dem Etikett zeigt den offiziellen Sitz des polnischen Präsidenten in Warschau.

Hergestellt im Polmos-Betrieb von Zyrardów, der den Rohalkohol von landwirtschaftlichen Brennereien einkauft und in den eigenen Anlagen rektifiziert, wird dieser Wodka nach mehrfacher Filtration mit Wasser aus eigenem Brunnen auf 40 %vol verdünnt. Meiner Meinung nach entspricht seine Qualität nicht den hohen Ambitionen, die seine Aufmachung suggeriert.

BEWERTUNG

Belvédère
nicht klassifiziert

GESCHMACKSNOTEN

BELVÉDÈRE

Starke Toffeenote in der Nase, unangenehm süß am Gaumen mit starkem Karamelgeschmack. Ein leichtes Alkoholbrennen. Beim kräftigen Abgang dominiert noch immer der Toffeegeschmack. Das ist ein achtlos hergestellter Wodka.

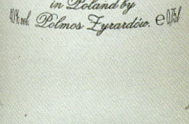

Bols

G R U N D D A T E N

Inhaber Unicom-Bols-Gruppe

Brennerei Oborniki, Polen

Produktion 1,6 Millionen Kisten der Marken Bols
und Pani Twardowska

Alkoholgehalt 40 %vol

Diese Marke ist das Produkt eines Joint-Venture zwischen dem niederländischen Destillations-unternehmen Bols und der privaten polnischen Brennerei Unicom, das 1995 gestartet wurde. Dem Wodka, der im selben Jahr zusammen mit seiner Schwestermarke Pani Twardowska herausgebracht wurde, gelang es in kurzer Zeit, auf dem pol-nischen Markt die höchsten Zuwachsraten zu erzielen. Darüber hinaus wird er nach West-europa exportiert.

Die niederländische Partnergesellschaft geht bis ins Jahr 1575 zurück, ist heute einer der weltweit führenden Erzeuger von Likören und Jenever und konnte ihre jahrhunderte-lange Erfahrung auch in das Joint-Venture einbringen. Unicom begann 1993 mit der Destillation in Oborniki, einem Standort, den man aufgrund seiner Brunnen ausgewählt hatte, die besonders reines Wasser liefern. Die Unicom-Bols-Gruppe produziert als Lizenz-nehmer auch die russischen Marken Stolich-naya und Moskovskaya.

Bols Vodka wird aus hochwertigem Rog-genbrand hergestellt, der zu einem hohen Reinheitsgrad rektifiziert wird. Der Alkohol

BEWERTUNG

Bols Vodka
★★

wird mit entmineralisiertem und destilliertem Wasser aus den firmeneigenen Brunnen verdünnt, der Wodka anschließend dreimal kohlegefiltert, einen Tag stehen gelassen und dann abgefüllt.

Das Ergebnis ist durchaus interessant. Bols Vodka ist ein Branntwein
von großer Reinheit und Gleichmäßigkeit, bei dem jedoch versucht
wurde, ihm etwas von der polnischen »Seele« einzuhauchen, indem sich
der Geschmack des traditionell verwendeten Roggens bemerkbar macht.
Dennoch wirkt Bols im Vergleich zu Pani Twardowska weniger traditionell. Trinken Sie ihn pur und leicht gekühlt.

GESCHMACKSNOTEN

BOLS VODKA

Sehr neutral im Geruch mit einem Hauch von
Alkohol sowie kaum wahrnehmbaren Spuren von
Roggen. Am Gaumen jedoch kommt der polnische
Ursprung ans Tageslicht, in Form eines üppigen
und unverfälschten, recht angenehmen Roggen-
geschmacks. Nicht so mild, wie er sein könnte,
und mit merklichem Brennen vom Alkohol.
Schöne Länge im Abgang, und ich würde ihn höher
einstufen, wenn er nur etwas milder wäre.

Chopin

GRUNDDATEN

Inhaber Polmos Siedlce

Brennerei Siedlce, Polen

Produktion nicht bekannt

Alkoholgehalt 40 %vol

Dieser Wodka, der im Herbst 1993 auf den Markt gebracht wurde, revolutionierte die polnische Wodkaindustrie. Es war der erste Nobelbrand, der von einem der 25 neuen Polmos-Betriebe hergestellt wurde und sich nicht nur mit höchstem Qualitätsanspruch, sondern auch in einer völlig neuartigen Aufmachung präsentierte. Trotz eines Einzelhandelspreises, der doppelt so hoch lag wie der eines Standardwodkas, konnte er einen so durchschlagenden Erfolg verzeichnen, daß andere Betriebe nachzogen. Heute werden etwa 15 dieser Luxusmarken auf dem Markt angeboten.

Der Wodka wird in der Stadt Siedlce im Osten des Landes von der 1896 gegründeten Podlaska Wytwórnia Wódek Polmos hergestellt, deren Manager auch das gesamte Produktions- und Marketingkonzept entwickelten. Sie hatten als erste die Idee einer hohen, schmalen Flasche, die im Regal auffallen würde, sowie eines glänzendes Überzugs über dem Glas, der den Inhalt schützen sollte. Und sie waren die ersten, die die Flasche mit einem Fenster versahen, durch das man die Reproduktion eines Portraits des berühmten Komponisten von Eugène Delacroix betrachten kann, welches durch den Wodka vergrößert wird. Der Entwurf wurde von einer französischen Firma in die Praxis umgesetzt, die auch die ersten Flaschen anfertigte. In Siedlce ist man auf den Wodka selbst ebenso stolz wie auf seine Verpackung und sieht darin einen doppelten Marktvorteil gegenüber allen Rivalen.

BEWERTUNG

Chopin
★★★★

Frédéric Chopin stand auch
für einen Wodka Pate.

Die Ausgangsprodukte, Roggen und Kartoffeln, kommen aus dem östlichen Teil des Landes, der von Umweltverschmutzung weitgehend verschont blieb. Da Siedlce zudem als einziger Polmos-Betrieb eine Destillationsausrüstung besitzt, kann man hier den gesamten Herstellungsprozeß kontrollieren, während die Konkurrenten den Rohalkohol von Zulieferern einkaufen müssen. Zusätzlich hat man in eine Veredelungsanlage investiert, um eine hochgradige Reinigung des Wassers aus eigenem Brunnen sicherzustellen.

Das Ergebnis ist ein ganz besonderes Produkt, das gleichwohl in Polen Kontroversen auslöste, als 1996 eine Urenkelin der Schwester Chopins gegen die Verwendung des Namens für kommerzielle Zwecke protestierte. Daraufhin beantragte das Kulturministerium bei der Staatsanwaltschaft, Namen und Konterfei des Komponisten auf der Wodkaflasche zu verbieten. Nur durch die Intervention des Handelsministeriums konnte verhindert werden, daß der Wodka aus dem Verkehr gezogen wurde.

Während das Kontingent für den europäischen Markt aus Roggen gebrannt wird, arbeitet man für den Verkauf in den USA an einer Variante aus der Kartoffelsorte Strobova. Die folgenden Geschmacksnoten beziehen sich auf die Roggenvariante. Chopin ist ein ausgezeichneter Wodka. Der Vorschlag der kleinen Broschüre am Flaschenhals, ihn »ex und hopp« zu trinken oder mit Fruchtsaft zu mischen, würde ich ignorieren; nippen Sie ihn lieber gekühlt und pur, wie es seiner Qualität entspricht.

Geschmacksnoten

CHOPIN

Wunderbar weiche und feine Roggennote in der Nase. Intensiver Geschmack im Mund, mild und gut ausgewogen zwischen der Süße des Roggens und dem leichten Brennen des Alkohols im Hintergrund, das ganz und gar nicht unangenehm ist. Mittellanger Nachklang. Ein ausgezeichneter, fachmännisch gebrannter Wodka, der mit zu meiner Überzeugung beitrug, daß die Polen den besten Wodka der Welt herstellen.

Cracovia

GRUNDDATEN

Inhaber Polmos Kraków (Krakau)

Rektifizieranlage Krakau, Polen

Produktion nicht bekannt

Alkoholgehalt Supreme 42 %vol; 40 %vol

Der zweite Qualitätswodka von Polmos Krakau kam 1996 heraus, nur wenige Jahre nachdem der Betrieb mit Fiddler in den Markt eingestiegen war. Er präsentiert sich jedoch ganz anders als dieser, eher traditionell, wie die elegante, leicht konservative Aufmachung suggeriert, und ohne Zusatz von Aromastoffen. Das Wappen auf der Flasche ist das der Stadt Krakau.

BEWERTUNG

Cracovia
★★★

Die Fabrik kauft den hochwertigen Rohalkohol von landwirtschaftlichen Brennereien, um ihn in den eigenen Anlagen zu rektifizieren und zu filtern. Als Rohstoff verwendet man hauptsächlich Roggen, was den üppigen und leicht süßlichen Charakter des Wodkas erklärt. Das Wasser zum Verdünnen stammt aus dem hauseigenen Brunnen.

GESCHMACKSNOTEN

CRACOVIA SUPREME

Unverfälschtes, doch leichtes Aroma mit Spuren von Roggen im Hintergrund. Voll und süß am Gaumen; von öliger Konsistenz, mit etwas Feuer durch den stärkeren Alkohol. Ganz leichte Anflüge von Karamelisierung. Schöner, üppiger Abgang. Ein interessanter Wodka für all diejenigen, die den süßeren Typ bevorzugen. Trinken Sie ihn pur und eisgekühlt, denn aufgrund seines kräftigen Charakters eignet er sich nicht zum Mixen.

Fiddler

GRUNDDATEN

Inhaber Polmos Kraków (Krakau)

Rektifizieranlage Krakau, Polen

Produktion nicht bekannt

Alkoholgehalt 39 %vol

Bei diesem Wodka gefällt mir nicht zuletzt die humorvoll-ironische Verpackung. Auf seinem Verschluß sitzt ein kleiner Hut, eine Melone aus Plastik, und wenn man die Flasche öffnet, ertönt die Melodie »Wenn ich einmal reich wär« aus dem Musical »Anatevka« (Originaltitel »The Fiddler on the Roof«). Doch ziehen sie keine falschen Schlüsse daraus: Es handelt sich um einen seriösen Wodka.

Dieser zu einem hohen Grad rektifizierte Roggenbrand wird mit Wasser aus dem hauseigenen Brunnen auf die richtige Stärke verdünnt. Was ihn so außergewöhnlich macht, ist der Zusatz von etwas Vanille, um das Aroma zu heben. Das Ergebnis: ein sehr moderner Wodka. Servieren Sie ihn pur und gut gekühlt.

BEWERTUNG

Fiddler

★★★

GESCHMACKSNOTEN

FIDDLER

Sehr rein und fast geruchlos in der Nase. Leicht süß; das Roggenaroma wird durch die Vanillekomponente wunderbar abgerundet. Sehr mild und rund, ohne ein Brennen von Alkohol. Ausgezeichneter, voller Abgang. Ein vorzüglicher Wodka ohne Ecken und Kanten, typisch polnisch und doch mit dem feinen Unterschied …

Jarzębiak

GRUNDDATEN

Inhaber verschiedene Polmos-Betriebe in Polen

Rektifizieranlagen in ganz Polen

Produktion nicht bekannt

Alkoholgehalt 40 %vol

Der Jarzębiak wird in Polen schon seit Generationen getrunken und steht dort in der Beliebtheitsskala gleich hinter der Marke Zubrowka an zweiter Position.

BEWERTUNG

Jarzębiak
★★★★

In dem hochwertigen Branntwein läßt man Vogelbeeren und getrocknete tropische Früchte ziehen und setzt ihm darüber hinaus geringe Mengen an Zucker und Trester zu. Danach läßt man ihn eine Zeitlang in Eichenfässern reifen, wodurch er etwas Farbe gewinnt. Die Geschmacksnoten beziehen sich auf ein Produkt aus dem Polmos-Betrieb in Zielona Góra.

GESCHMACKSNOTEN

JARZĘBIAK

Sehr blasser Goldton mit Nuancen von Grün. Sein Geruch wird oft als beißend beschrieben, doch meiner Nase erscheint er als vielschichtiges, intensives Aroma von Beerenfrüchten. Sehr trocken, mit intensiven Fruchtnoten und leichtem Feuer vom Alkohol im Hintergrund. Wunderbarer, trockener Abgang, begleitet vom Geschmack duftender Beeren, der lange im Mund erhalten bleibt. Dieser Wodka ist einzigartig und verdient die höchste Bewertung. Genießen Sie ihn leicht gekühlt oder bei Raumtemperatur.

Królewska

GRUNDDATEN

Inhaber Polmos Zielona Góra

Rektifizieranlage Zielona Góra, Polen

Produktion nicht bekannt

Alkoholgehalt 40 und 42 %vol

Dieser Nobelbrand aus der berühmten Destillationsanlage Lubuska Wytwórnia Wódek Gatunkowych in Zielona Góra im Süden Polens ist das Werk der Brennmeisterin und Qualitätskontrolleurin Elzbieta Goldymka, die zur neuen Generation polnischer Destillateure gehört.

BEWERTUNG

Królewska
★★★

»Królewska« bedeutet auf polnisch »königlich«, und das schmale Etikett auf der Flasche zeigt ein Buntglasfenster der spätmittelalterlichen Marienkirche in Krakau, das einst Hauptstadt und Residenz der Könige war.

Dieser Wodka, der 1995 auf den Markt kam, wird aus erstklassigem Roggen hergestellt und zu einem hohen Reinheitsgrad rektifiziert und gefiltert. Die Geschmacksnoten beziehen sich auf die Variante mit 42 %vol.

GESCHMACKSNOTEN

KRÓLEWSKA

Für mich hat er von allen polnischen Wodkas die angenehmste Nase – fein, weich und rein mit schönem Roggenaroma. Anfangs süßlich und fein am Gaumen, etwas ölig und seidig, doch dann macht sich ein leichtes Stechen bemerkbar, das von der Alkoholstärke herrührt, ebenso Anflüge von Karamelisierung. Guter Abgang, begleitet von Roggen. Ein charaktervoller, sehr guter Wodka, der wegen des leichten Brandgeschmacks nur um Haaresbreite eine Einstufung als hervorragend verfehlt. Kühlen unterdrückt die Karamelnote, doch das Brennen, das manche ja mögen, bleibt bestehen.

Krupnik

GRUNDDATEN

Inhaber mehrere Polmos-Betriebe in Polen

Rektifizieranlagen verschiedene

Produktion nicht bekannt

Alkoholgehalt 40 %vol

Bereits in den frühen Kulturen Osteuropas wurde aus wildem Honig und Wasser das alkoholische Getränk Met hergestellt. Nachdem die Destillation bekannt geworden war, war die Verbindung von Wodka und Honig ein natürlicher Schritt.

BEWERTUNG

Krupnik
★★★★

Krupnik besteht aus rektifiziertem Wodka, der von Honig- und Gewürzennoten durchzogen ist. Aroma und Geschmack verraten darüber hinaus, daß er einige Zeit im Faß gelagert wurde. Die Geschmacksnoten beziehen sich auf eine Flasche aus dem Polmos-Betrieb in Zielona Góra.

GESCHMACKSNOTEN

KRUPNIK

Fast mahagonifarben mit Kupfertönen. Äußerst komplex in der Nase, vorherrschend sind die Aromen von Honig, Zimt und Nelken; leichter Alkoholgeruch. Süß, doch nicht zu aufdringlich am Gaumen; eine intensive, konzentrierte und vielschichtige Geschmackskombination aus den verschiedenen Zutaten: Honig, Zimt, Ingwer, Nelken und ein Hauch von Holz. Sehr mild, mit der richtigen Menge an Alkoholgeschmack. Herrlich komplexer und lang anhaltender Abgang.

Luksusowa

GRUNDDATEN

Inhaber mehrere Polmos-Betriebe in Polen

Rektifizieranlagen verschiedene

Produktion 1,7 Millionen Kisten

Alkoholgehalt 40 %vol, 45 %vol, 50 %vol

Jahrhundertelang wurden in Osteuropa Kartoffeln zu Wodka gebrannt. Luksusowa jedoch scheint eine der wenigen Marken zu sein, die stolz darauf ist, diese Tradition weiterzuführen, da sie sich durch den Hinweis »Hergestellt aus erlesenen Kartoffeln« auf dem Etikett ausdrücklich darauf bezieht.

BEWERTUNG

Luksusowa
Luxury Vodka
★★★

Dieser Wodka wird aus Kartoffelsorten hergestellt, die sich besonders gut für die Destillation eignen, und er wird insgesamt viermal destilliert. Das fertige Produkt schmeckt sehr interessant und wird besonders unter jenen seine Anhänger finden, die einen schwereren Wodka lieben.

GESCHMACKSNOTEN

LUKSUSOWA

Stechende, süßliche Nase mit Untertönen von Arznei; sehr ölig. Trotz leichter Süße zu Beginn entwickelt er später einen trockenen, etwas herben Charakter. Mild, mit leichtem, angenehmem Feuer. Schöner langer Abgang mit etwas Süße. Dieser charaktervolle Kartoffelwodka steht in interessantem Kontrast zu den feineren traditionellen polnischen Roggenwodkas. Trinken Sie ihn pur, denn er verträgt sich nicht besonders gut mit Tonic oder Orangensaft.

Pani Twardowska

GRUNDDATEN

Inhaber Unicom-Bols-Gruppe

Brennerei Oborniki, Polen

Produktion nicht bekannt

Alkoholgehalt 40 %vol

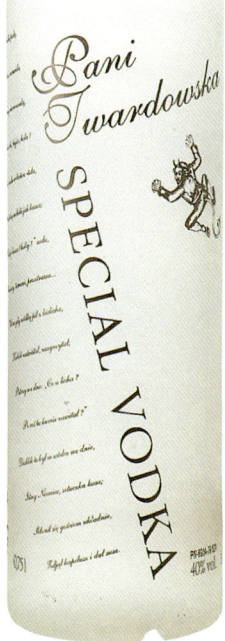

Hinter der Darstellung auf dem Etikett dieses Wodkas, die eine Frau und einen Mann im Mond zeigt, verbirgt sich eine Legende: Der Ehemann von Frau (polnisch »pani«) Twardowska, der im 16. Jahrhundert als Magier in Krakau lebte, soll einen Pakt mit dem Teufel geschlossen und mit seinem Blut unterzeichnet haben. Dafür versprach er, dem Teufel seine Seele zu überlassen, falls er jemals »Rom besuche«. Jahrelang genoß er sein Leben in vollen Zügen, bis ihn der Teufel eines Tages in einer Taverne mit dem Namen »Rom« überraschte. Als er daraufhin Twardowskis Seele forderte, erinnerte ihn dieser an eine Klausel im Vertrag, die besagte, daß der Teufel zuvor drei Bedingungen zu erfüllen habe. Als erstes sollte er aus Sand eine Peitsche herstellen, dann ein Bad in Weihwasser nehmen, und schließlich sollte er ein

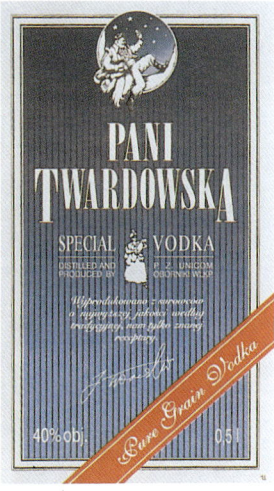

Jahr mit Frau Twardowska zusammenleben. Bei dieser Vorstellung ergriff der Teufel jedoch die Flucht und wurde von dem auf einem Hahn reitenden Twardowski auf den Mond gejagt.

Warum ein Branntwein mit dieser Legende in Zusammenhang gebracht wurde, kann ich nicht sagen, doch es handelt sich schon deshalb um einen besonderen Wodka, weil er einer der wenigen ist, die nicht in einem Polmos-Betrieb erzeugt werden, sondern von einer Brennerei in Privatbesitz. Die Gesellschaft Unicom, die 1993 die Wodkadestillation aufgenommen hatte, unterzeichnete zwei Jahre später einen Joint-Venture-Vertrag mit dem niederländischen Spirituosenhersteller Bols und brachte im selben Jahr neben dem Bols auch diese Marke auf den Markt.

Zum Verdünnen des hochwertigen Roggenwodkas wird Wasser aus dem firmeneigenen Brunnen verwendet, das zuvor entmineralisiert und destilliert wurde. Danach erfolgt eine dreifache Kohlefiltration, um einen hohen Grad an Reinheit zu erreichen.

Während meiner Arbeit an diesem Führer war die Marke nur in Polen erhältlich, doch Unicom-Bols plant Maßnahmen zu einem ausgedehnten Export.

BEWERTUNG

Pani Twardowska

★★★

GESCHMACKSNOTEN

PANI TWARDOWSKA

Leichtes, sehr angenehmes und unverfälschtes Roggenaroma. Am Gaumen üppig, mit etwas »medizinisch« wirkendem Roggengeschmack; sehr mild, leicht ölig und mit geringem Brennen von Alkohol. Guter, lang anhaltender Abgang. Ein gut gebrannter Wodka im traditionellen Stil, der sich stark von der Marke Bols unterscheidet, die in derselben Anlage produziert wird.

Pieprzówka

GRUNDDATEN

Inhaber mehrere Polmos-Betriebe in Polen

Rektifizieranlagen verschiedene

Produktion nicht bekannt

Alkoholgehalt 45 %vol

Das Aromatisieren von Wodka mit Pfefferschoten hat in Polen eine ebenso lange Tradition wie in Rußland und ist noch heute beliebt. Obgleich von verschiedenen Polmos-Betrieben weitere Pfefferwodkas hergestellt werden, ist dieser der bedeutendste.

BEWERTUNG

Pieprzówka
★

Er besteht aus hochgradig rektifiziertem Alkohol, in dem man rote und schwarze Pfefferschoten aus der Türkei ziehen läßt, wodurch er seine besondere Farbe erhält. Dazu kommt etwas Paprika.

GESCHMACKSNOTEN

PIEPRZÓWKA

Hellrot mit bläulicher Tönung, fast violett. In der Nase Anflüge von Dimethylthiazolen, die vom Grundalkohol herrühren und das angenehme Aroma verderben. Am Gaumen anfangs süßlich mit deutlichem Geschmack nach Paprika und Pfeffer. Scharf, doch weniger aggressiv als andere Pfefferwodkas. Im Abgang verflüchtigen sich diese Geschmacksnoten schnell und hinterlassen nur ein angenehmes Glühen auf der Zunge. Ein interessanter Wodka, der eine höhere Einstufung verdiente, wenn der Ausgangsbranntwein von besserer Qualität wäre.

Premium

GRUNDDATEN

Inhaber Polmos Poznán (Posen)

Rektifizieranlage Posen, Polen

Produktion 2,4 Millionen Kisten

Alkoholgehalt 40 %vol

Der Polmos-Betrieb von Posen oder Poznánskie Zaklady Przemyslu Spirytusowego Polmos, um seinen offiziellen Namen zu nennen, wurde 1823 von einem preußischen Kavallerieregiment gegründet. Er liegt in einem Vorort von Posen, die Rektifizieranlage, ein riesiger, reizloser Industrieklotz, nur wenige Kilometer entfernt am Stadtrand.

Posen war seit Jahrhunderten das Zentrum der polnischen Wodkaindustrie, und der Polmos-Betrieb knüpft an diese Tradition an. Er besitzt eine der größten und fortschrittlichsten Produktionsanlagen des Landes, die nicht nur 20 Prozent des polnischen Inlandsverbrauchs deckt, sondern auch einen Großteil des Wodkas produziert, der unter berühmten Markennamen wie Wyborowa, Luksusowa oder Żytnia ins Ausland exportiert wird. Wie andere führende Polmos-Betriebe erzeugt sie darüber hinaus eine eigene Hausmarke, den Premium, der 1993 auf den Markt kam und inzwischen auf der Liste des

BEWERTUNG

Premium
★★

Premium Special
★★

Premium Citron
★

Premium Peach
★★★

WODKAMARKEN VON A BIS Z

Inlandsverkaufs den dritten Rang belegt. Der Premium Special gehört zur neuen Generation polnischer Qualitätswodkas.

Der Hersteller kauft 92prozentigen Rohalkohol von landwirtschaftlichen Brennereien und rektifiziert ihn in einer Zwei-Säulen-Apparatur. In der ersten Säule mit 38 Tellern werden Verunreinigungen mit niedrigem Siedepunkt entfernt, wie Methanol, in der zweiten, die 70 Teller besitzt, schwerere Substanzen, wie Fuselöle. Mit einer Konzentration von 96,5 %vol verläßt der Alkohol die Anlage und wird mit Wasser aus hauseigenem Brunnen, das zuvor entmineralisiert wurde, verdünnt. Abschließend erfolgt die Filtration durch Holzkohle- und Kohlenstoffilter.

Für die aromatisierten Versionen werden etwa 15 verschiedene Essenzen verwendet, ausschließlich natürliche, wie es in Polen gesetzliche Vorschrift ist.

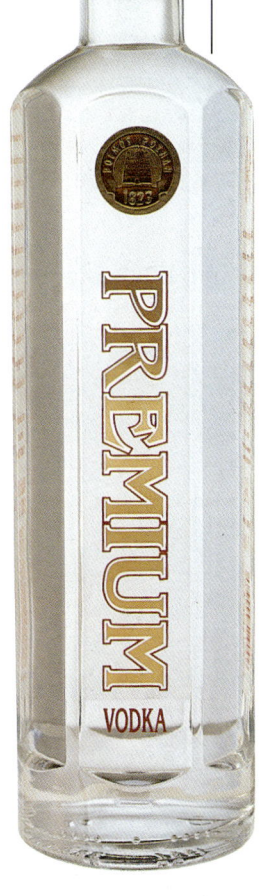

Die klaren Brände aus dieser Reihe sind zweifelsohne hervorragend gemacht, doch ich vermisse bei ihnen das Roggenaroma, das für mich Kennzeichen eines typisch polnischen Wodkas ist.

GESCHMACKSNOTEN

PREMIUM VODKA
Sehr neutral in der Nase mit einer ganz leichten Roggennote im Hintergrund. Sehr üppig und süß im Geschmack mit deutlichen Spuren von verbranntem Zucker, doch sehr mild und kaum stechend. Der Geschmack bleibt lange im Mund.

PREMIUM SPECIAL
Sehr leicht im Aroma, beinahe noch neutraler als sein klarer Kollege. Sehr süß und etwas vordergründig am Gaumen, mit geringen Karamelspuren, durchdrungen von einer leichten Getreidenote. Ebenfalls sehr mild, mit lang anhaltendem Geschmack. Beide Wodkas sind etwas süß, eine Eigenschaft, die auch erhalten bleibt, wenn man sie eisgekühlt zu sich nimmt.

PREMIUM CITRON
Das leichte und feine Zitronenaroma ist angenehm, doch leider zu schwach, um den dominierenden Basisgeschmack nach Getreidealkohol auszugleichen. Von etwas schwerer, öliger Konsistenz, fehlt es diesem Wodka ein wenig an Frische. Erst beim schönen Abgang gelingt es den beiden Geschmackskomponenten, sich harmonisch zu verbinden. Unprätentiös und sehr natürlich im Aroma.

PREMIUM PEACH
Wesentlich besser als die Zitronenvariante, mit unverfälschtem Pfirsichduft. Der leicht bittere Geschmack wirkt der natürlichen Süße der Früchte entgegen, die sonst übermäßig werden könnte. Nur ein leichtes Brennen; der Pfirsichgeschmack bleibt lange im Mund erhalten. Versuchen Sie diesen Wodka pur und eisgekühlt, oder zaubern Sie damit einen exotischen Wodka Tonic.

Starka

GRUNDDATEN

Inhaber mehrere Polmos-Betriebe in Polen

Rektifizieranlagen verschiedene

Produktion nicht bekannt

Alkoholgehalt 50 %vol

Den Starka in der Branntweinfamilie richtig einzuordnen ist nicht ganz einfach, da er zwar aus Getreide destilliert, anschließend jedoch in Fässern gelagert wird, wodurch er in mancher Hinsicht näher mit dem Whiskey verwandt ist als mit einem klaren, reinen Wodka. Als ich ihn im Polmos-Betrieb von Posen zum ersten Mal probierte, ließ mich sein Aroma sofort an einen Bourbon denken. Nichtsdestotrotz genießt diese Marke in Polen geradezu kultische Verehrung.

Die Ursprünge der Marke sollen im 16. Jahrhundert liegen. Damals herrschte in den Häusern des Landadels der Brauch, anläßlich der Geburt eines weiblichen Kindes Wodka in ein altes Weinfaß zu gießen, um ihn bis zur Hochzeit des Mädchens reifen zu lassen.

Dieser Wodka ist der einzige, der aus nicht rektifiziertem Roggenbrand hergestellt wird und danach mindestens zehn Jahre im Faß reift. Er wird wie die meisten polnischen Wodkas in verschiedenen Polmos-Betrieben erzeugt, die zur Lagerung Fässer unterschiedlichster Art benutzen. Am häufigsten werden jedoch solche verwendet, in denen ungarischer Tokaier reifte, wodurch der Wodka sein vordergründig süßes Aroma erhält. Daneben

BEWERTUNG

Starka

★★★★

werden ihm vor dem Abfüllen geringe Mengen des spanischen Süßweins Malaga zugesetzt.

Das Ergebnis ist natürlich ein ungewöhnlicher Wodka, zumal man bei dessen Herstellung in der Regel Aroma und Reife nicht größere Aufmerksamkeit widmet als der Reinheit des Alkohols. Zweifelsohne handelt es sich hier um einen Branntwein, den man am besten nach Tisch am Kaminfeuer genießt, nicht zuletzt weil er einen Alkoholgehalt von 50 %vol hat. Ich empfehle Ihnen, ihn nicht gekühlt zu sich zu nehmen, sondern ihn mit Raumtemperatur zu trinken und in einem Glas, in dem sich seine ganze Vielschichtigkeit in Geruch und Geschmack entfalten kann.

Daneben wird eine russische Variante in geringen Mengen angeboten, die auf ähnliche Weise hergestellt wird, der man jedoch mit Apfel- und Birnenblättern eine zusätzliche fruchtige Note verleiht.

Die folgenden Geschmacksnoten beziehen sich auf eine Probe, die aus dem Betrieb in Zielona Góra stammt.

Die Marke Starka wird wie Whiskey in Fässern gelagert.

GESCHMACKSNOTEN

STARKA

Dunkles Gold mit ganz leichten Grüntönen. Das vielschichtige Aroma erinnert an hochwertigen Trester mit Noten von Vanille und Schokolade. Konzentriert, alkoholisch, trocken, mit Anflügen von Weinsüße; sehr holzig am Gaumen, mit Vanille- und Schokoladenuancen. Ein leichtes Brennen von Alkohol, wie bei einem hochprozentigen Branntwein zu erwarten. Lang anhaltender, sehr angenehmer Nachgeschmack. Ich bin von diesem Wodka nicht ganz überzeugt, denn der Holzgeschmack ist mir zu dominant, und durch die lange Reifung und den hohen Alkoholgehalt zieht er einem etwas den Mund zusammen. Ohne Zweifel handelt es sich jedoch um einen interessanten Wodka von großer Vielschichtigkeit.

Wísniówka

GRUNDDATEN

Inhaber mehrere Polmos-Betriebe in Polen

Rektifizieranlagen verschiedene

Produktion nicht bekannt

Alkoholgehalt 40 %vol

Das Aromatisieren hochprozentiger Spirituosen mit Kirschen ist in Polen besonders beliebt, und der Wísniówka ist dort der bevorzugte Kirschwodka. Er enthält keine weiteren Zusätze (wie zum Beispiel Mandeln) und ist deshalb nichts anderes als ein hochgradig rektifizierter Wodka, in den Kirschen eingelegt wurden. In Polen trinkt man ihn gern zum Kaffee oder Nachtisch. Die Marke wird in verschiedenen Polmos-Betrieben erzeugt; die Geschmacksnoten beziehen sich auf eine Probe aus Zielona Góra.

BEWERTUNG

Wísniówka

★★

GESCHMACKSNOTEN

WÍSNIÓWKA

Schönes, tiefes Kirschrot. Intensiver Duft nach Kirschen mit leichten Anflügen von Pfeffer. Sehr süß und üppig; äußerst konzentrierter Fruchtgeschmack mit genügend Biß durch den Alkohol, um die Süße auszugleichen und ihr Wärme zu verleihen. Gegen Ende ein klein wenig bitter. Lang anhaltender, süßer und fruchtiger Abgang. Ein angenehmer aromatisierter Wodka, wie ich finde, jedoch weniger interessant oder vielschichtig als vergleichbare polnische Klassiker. Paßt gut nach einem Abendessen.

Wyborowa

GRUNDDATEN

Inhaber mehrere Polmos-Betriebe in Polen

Rektifizieranlagen verschiedene

Produktion laut Schätzung zwischen 4,4 und 18 Millionen Kisten

Alkoholgehalt 38, 40, 45 und 50 %vol
Sämtliche aromatisierten Varianten: 40 %vol

Schätzungen über die Verkaufszahlen dieses Wodkas schwanken erheblich. Sie bewegen sich zwischen 4,39 und 18,1 Millionen Kisten jährlich. Mit Sicherheit scheint er jedoch die meistverkaufte polnische Marke zu sein, die immer häufiger auch im Westen zu finden ist.

In Polen kam sie bereits in den zwanziger Jahren auf den Markt, gelangte jedoch erst fünfzig Jahre später auch in den Export. In den sechziger Jahren verbreitete sich ihr Ruf in ganz Europa, besonders in Großbritannien, wo sie zur meistimportierten Wodkamarke avancierte. Danach geriet sie beinahe in Vergessenheit, und erst seit kurzem beginnen sich wieder recht gute Exportchancen abzuzeichnen.

Der Wodka wird heute zwar von verschiedenen Polmos-Betrieben des Landes hergestellt, doch das Exportkontingent stammt ausschließlich aus den Rektifizieranlagen in Zielona Góra oder Posen, so daß eine gleichbleibende Qualität gewährleistet ist. Er soll der einzige Wodka der Welt sein, der ausschließlich aus Roggen gebrannt wird, und zwar aus den robusteren Winterarten, die viel Stärke enthalten, die leicht in Zucker umgewandelt und zu Alkohol vergoren werden kann.

Die Destillation erfolgt in landwirtschaftlichen Brennereien, von denen der Rohalkohol eingekauft und dann in den eigenen Anlagen rektifiziert wird. Nach dreifacher Filtration durch Holzkohle

GESCHMACKSNOTEN

WYBOROWA

Leichter Roggenduft mit einem Anflug von Alkohol. Angenehm süß am Gaumen, mit genügend Spitze, um ihm etwas Biß zu verleihen; wunderbares Roggenaroma im Hintergrund. Schöne Länge bis zum Schluß mit anhaltendem Getreidegeschmack. Wenn Sie polnischen Wodka lieben, ist dieser ein hervorragendes Beispiel. Und nur halb so teuer wie die neuen polnischen Luxusmarken. Trinken Sie ihn pur und leicht gekühlt.

WYBOROWA LEMON

Sehr leichtes Aroma, doch der Duft scheint unverfälscht zu sein. Am Gaumen fehlt es ihm an Geschmacksintensität, doch er ist süß, und neben der Zitronennote glaube ich, den Geschmack von Melonen auszumachen. Sehr mild, mit ganz leichten Spitzen. Leichtgewichtig, doch angenehm im Abgang. Trinken Sie ihn pur.

und Kohlenstoff wird der Branntwein mit Wasser aus hauseigenen Brunnen, das enthärtet und entmineralisiert wurde, verdünnt.

Ich selbst habe eine Vorliebe für den klaren Wyborowa und denke, daß sein Erfolg im Ausland durch seine hohe Qualität gerechtfertigt wird. Die aromatisierten Versionen dagegen entsprechen weniger meinem Geschmack. Laut Gesetz dürfen in Polen dafür nur natürliche Stoffe verwendet werden, und wenn diese Wodkas auch recht unverfälscht sind, so bleiben sie doch enttäuschend flach in Aroma und Geschmack.

Die Geschmacksnoten beziehen sich auf Proben aus dem Betrieb in Zielona Góra mit einem Alkoholgehalt von 40 %vol.

GESCHMACKSNOTEN

WYBOROWA ORANGE

Ziemlich enttäuschend im Aroma mit einer kaum wahrnehmbaren Orangennote, die jedoch, wenn man sie erst ausfindig gemacht hat, sehr natürlich wirkt. Im Geschmack leicht, meiner Meinung nach zu leicht. Leichtes Brennen von Alkohol und etwas kompakt und ölig in der Konsistenz. Im Abgang besser, doch ein wenig bitter und brennend.

WYBOROWA PEACH

Wunderbarer Duft echter Pfirsiche. Von leichtem Pfirsichgeschmack, trocken, mit leichtem Brennen von Alkohol im Hintergrund. Ziemlich ölige, schwere Konsistenz. Schöne Länge bis zum Schluß mit einer leicht bitteren Note. Er wird besonders denen schmecken, die trockene, aromatisierte Wodkas mögen, doch in der Konsistenz fehlt es ihm an Leichtigkeit.

WYBOROWA PINEAPPLE

Gutes, natürliches Aroma von süßlichen Dosenananas, doch kaum wahrnehmbar. Kompakt in der Konsistenz, ziemlich bitter, der Ananasgeschmack bleibt dabei ganz im Hintergrund. Im Mund ein aggressives Brennen von Alkohol, das auch den schwachen, ziemlich dünnen Geschmack im Abgang übertönt.

Zubrowka

GRUNDDATEN

Inhaber mehrere Polmos-Betriebe in Polen
Rektifizieranlagen verschiedene
Produktion nicht bekannt
Alkoholgehalt 40 %vol

Geruch und Geschmack dieses Wodkas sind einzigartig und für mich untrennbar mit meinem ersten Besuch in Warschau verbunden. Nie werde ich den anerkennenden Blick des Kellners vergessen, als ich in einem Restaurant in der Altstadt einen Zubrowka als Aperitif bestellte.

Dies ist ein Wodka, den man entweder liebt oder haßt, und ich bin immer wieder erstaunt über die unterschiedlichen Reaktionen der Leute, die ihn zum ersten Mal probieren. William Somerset Maugham liebte ihn: »Er schmeckt nach frisch gemähtem Gras und Frühlingsblumen, nach Thymian und Lavendel, und er ist so weich am Gaumen und so behaglich, wie Musik im Mondschein«, schrieb er in seinem Roman »Auf Messers Schneide«.

Aromatisiert wird dieser Branntwein mit Bisongras (auch Mariengras), *Hierochloe odorata* und *Hierochloe australis*, das in Büscheln auf den Lichtungen der Wälder des Nationalparks von Bialowieza an der Grenze zwischen Polen und Rußland wächst. Hier sind auch die letzten Rückzugsgebiete der seltenen europäischen Bisons oder Wisente (*Bison bonasus*), die

BEWERTUNG

Zubrowka Bison Wodka
★★★★

während des Zweiten Weltkrieges beinahe ausgerottet worden waren, inzwischen jedoch wieder durch die Wildnis streifen.

Das Gras wird im Frühsommer geerntet, wenn es noch voller Saft und Aroma und nicht von der Sonne vergilbt ist. Es wird getrocknet und gebündelt an die Brennereien geliefert. Dort wird es auf Sieben ausgebreitet und mit Wodka übergegossen, bis eine aromatische Essenz entstanden ist. Diese wird nach einer streng geheimgehaltenen Formel mit trockenem Roggenwodka der höchsten Qualitätsstufe gemischt. Diese Mischung läßt man mehrere Tage stehen, damit die Aromen eine harmonische Verbindung eingehen können, bevor man filtert und abfüllt. Als Tüpfelchen auf dem i wird ein Bisongrashalm mit der Hand in jede Flasche eingeführt. Auf der Beliebtheitsskala der aromatisierten Wodkas in Polen nimmt der Zubrowka den ersten Rang ein und hat damit den Jarzębiak überholt.

Zur Warnung sei erwähnt, daß der Zubrowka von verschiedenen Polmos-Betrieben hergestellt wird und daher in seiner Qualität etwas schwankt. Trotzdem handelt sich um einen ganz unverwechselbaren Wodka. Ich trinke ihn gerne pur und eisgekühlt, aber er eignet sich auch für Cocktails, wie den »Bitter Bison«, für den man ihn mit süßem Wermut und Zitronensaft mischt. Man kann ihn jedoch auch im Verhältnis 1 : 3 mit Apfelsaft mischen und gut gekühlt servieren.

Die folgenden Geschmacksnoten beziehen sich auf Proben aus dem Polmos-Betrieb in Zielona Góra, Südpolen.

GESCHMACKSNOTEN

ZUBROWKA BISON VODKA

Sehr blaßer Grünton mit gelblichen Reflexen. Ich finde, daß er am Anfang ein Bukett von Marzipan präsentiert, das das von Maugham beschriebene »frisch gemähte Gras« erst durchdringen läßt, nachdem man ihm etwas Zeit gelassen hat, sich im Glas zu entfalten. Ungeheuer intensives und vielschichtiges Aroma aus Marzipan-, Gras-, süßlichen Roggen- und Arzneinoten. Mild am Gaumen, mit einem leichten Brennen von Alkohol im Hintergrung. Die Beständigkeit des Geschmacks ist enorm. Wegen seines unverwechselbaren, jedoch höchst anspruchsvollen Charakters ist es sehr schwer, diesen Wodka objektiv zu beurteilen. Wie schon gesagt: Entweder man liebt ihn, oder man haßt ihn.

Extra Żytnia

GRUNDDATEN

Inhaber mehrere Polmos-Betriebe in Polen

Rektifizieranlagen verschiedene

Produktion 2,7 Millionen Kisten

Alkoholgehalt 40 %vol

Auch dies ist ein Wodka mit langer Geschichte, und der Name ist auch die Bezeichnung für das Lächeln auf dem Gesicht eines Dorfältesten oder Bürgermeisters. Bis vor kurzem war er noch die Lieblingsmarke in Polen, doch er wurde vom Wyborowa überholt. Weltweit steht er jedoch mit seinen Verkaufszahlen an zweiter Stelle unter den polnischen Wodkas.

BEWERTUNG
Extra Żytnia
★★

Der Rohalkohol aus hochwertigem Roggen wird in verschiedenen Polmosen des Landes rektifiziert. Zur Abrundung werden ihm kleine Mengen ausgereiften Apfelgeistes und natürlicher Fruchtaromen zugesetzt. Die hier getestete Flasche stammte aus der Polmose in Zielona Góra.

GESCHMACKSNOTEN

ŻYTNIA

Der Geruch nach Apfelgeist ist sofort wahrnehmbar und vereint sich auf angenehme Weise mit dem des Roggenbrandes. Guter Roggengeschmack im Mund, leicht alkoholisch und von schwerer Konsistenz. Mild und abgerundet mit nur etwas Nadelspitzen. Gut anhaltender Geschmack mit angenehm süßem Abgang.

Die Basiliuskathedrale in Moskau. Die russische Wodkaindustrie zieht verstärkt ausländische Investoren an, obgleich die Mehrzahl der russischen Wodkas noch immer über die ehemals staatliche Handelsgesellschaft Sojusplodoimport vertrieben wird.

RUSSISCHE WODKAS

Nach dem Zusammenbruch des Kommunismus und dem Ende der Sowjetunion ist die russische Wodkaindustrie attraktiv für ausländische Investoren geworden. So produziert der französische Branchenriese Pernod Ricard mit der Brennerei Sokolovo in Sibirien den Altaï auf der Basis eines Joint-Venture, ebenso wie Dethleffsen aus Deutschland mit Livis in St. Petersburg den Ultraa und die Pierre Smirnoff Company ihren Smirnoff Black bei Cristall in Moskau.

Diese Geschäftsverbindungen mit westlichen Firmen haben der russischen Wodkaindustrie zwar interessante neue Perspektiven eröffnet, der Großteil des Wodkaexports liegt indes nach wie vor in den Händen des ehemaligen Staatsunternehmens Sojusplodoimport.

Sojusplodoimport ist heute nicht mehr Staatseigentum, sondern gehört einer Gruppe führender Brennereien. Die bedeutendsten dieser zehn Produzenten liefern ihren Wodka aus Moskau, St. Petersburg, Samara, Irkutsk, Kaluga und Kursk, einer aus Kaliningrad, dem ehemaligen Königsberg.

Jede diese Produktionsstätten darf Wodka für die gesamte Markenpalette herstellen, und das ist kein ganz unproblematisches Verfahren. So kann der Moskovskaya Osobaya (= Moskau Spezial) ebenso aus Samara stammen oder der Sibirskaya eben nicht aus Sibirien, sondern aus St. Petersburg. Die verschiedenen Markennamen stehen also eher für ein gemeinsames Profil als für individuelle Sorten.

Das ist ein erheblicher Nachteil. Sojusplodoimport steht zwar auf dem Standpunkt, daß es unerheblich sei, welche Brennerei den Wodka liefere, da die Herstellungsverfahren identisch seien, aber ein Stolichnaya aus Moskau unterscheidet sich eben doch von einem aus Kursk. Schließlich verwenden die Brennereien jeweils anderes Wasser und oft auch anderes Getreide, und daß man reihum mit gleicher Sorgfalt zu Werke geht, ist ebensowenig garantiert.

Und damit sind wir beim derzeitigen Grundübel des russischen Wodkas angelangt, seiner Unbeständigkeit. Eine Flasche Stolichnaya kann ausgezeichnet schmecken oder auch nicht – je nachdem, welcher Herkunft er ist.

Bei der Beschreibung der einzelnen hier vorgestellten Marken habe ich mich daher darauf beschränkt, Ihnen einen allgemeinen Eindruck von Geschmacksrichtung und Qualität zu vermitteln. Es ist aus den genannten Gründen sehr schwierig, russische Wodkas zu beurteilen, betrachten Sie also Bewertungen und Geschmacksnoten als reine Orientierungshilfe.

Altaï Siberian

GRUNDDATEN

Inhaber Pernod Ricard Altaï

Brennerei Sokolovo, Sibirien

Produktion 700 000 Kisten

Alkoholgehalt 40 %vol

Sokolovo stellt gemeinschaftlich mit Pernod Ricard den wohl einzigen Wodka aus rein sibirischen Rohstoffen her: Der Altaï wird ausschließlich aus einer robusten einheimischen Weizenart gewonnen. Das Wasser, mit dem man den Alkohol verdünnt, stammt aus den Flüssen des Altaï-Gebirges. Der Wodka wird in Destilliersäulen dreifach destilliert und über Aktivkohle gefiltert.

BEWERTUNG

Altaï Siberian
★★

Zuerst bin ich diesem Wodka mit etwas Mißtrauen begegnet, denn der Herstellungsprozeß ähnelt sehr dem des klassischen und bekannteren Sibirskaya. Doch der französische Einfluß hat offenbar Wirkung gezeigt, die beiden Wodkas sind recht unterschiedlich.

GESCHMACKSNOTEN

ALTAÏ SIBERIAN

Dem Aroma haftet eine penetrante Note von Pentylazetat an, was sehr bedauerlich ist. Süß, sehr reich und ölig und angenehm am Gaumen. Sehr mild, aber etwas Brennen im Hintergrund, was auf den Zusatz von Glyzerin hinweist. Schöner langer Abgang. Ein großer, charaktervoller Wodka, den ich höher bewertet hätte, wäre sein Bukett einwandfrei. Trinken Sie ihn pur und gekühlt.

Krepkaya

GRUNDDATEN

Inhaber V/O Sojusplodoimport

Brennereien verschiedene

Produktion 6 Millionen Kisten

Alkoholgehalt 56 %vol

Krepkaya ist das russische Wort für »stark«, und das ist dieser Wodka zweifellos. Mit beeindruckenden 56%vol zählt er zu den stärksten Branntweinen der Welt. Der hohe Alkoholgehalt bewirkt, daß der Wodka auch in eisigem Klima nicht so schnell gefriert. Da er sehr konzentriert ist, kann man größere Mengen zum Bestimmungsort schaffen und ihn erst dort verdünnen – gewiß ein ökonomisches Plus in diesem Riesenland.

BEWERTUNG

Krepkaya
★★★

Es handelt sich um einen typisch russischen Wodka, der hauptsächlich aus Weizen hergestellt wird, dem etwas Roggen oder Hafer beigemengt werden. Er wird in Destilliersäulen gebrannt und dann zur Reinigung über Holzkohle und Quarz gefiltert. Der entscheidende Unterschied zu anderen einheimischen Sorten ist der Umstand, daß er weniger stark verdünnt wird.

GESCHMACKSNOTEN

KREPKAYA

Kräftiges, scharfes Aroma mit Nuancen von Azeton. Charaktervoll, süß am Gaumen mit etwas Getreidegeschmack, der aber fast vollständig vom Biß des Alkohols überdeckt wird. Das kann man reduzieren, indem man Wasser hinzugibt. Der Wodka wird dann mild, und trotzdem bleibt das Feuer im langen, köstlichen Abgang deutlich wahrnehmbar. Ein guter und sehr russischer Wodka.

Moskovskaya Osobaya

GRUNDDATEN

Inhaber V/O Sojusplodoimport

Brennereien verschiedene

Produktion 9 Millionen Kisten

Alkoholgehalt alle 40 %vol

Dies ist der neben dem Stolichnaya wohl berühmteste Wodka Rußlands. In jüngster Vergangenheit mußte er allerdings Umsatzeinbußen hinnehmen: 1995 gab ein Wirtschaftsinformationsdienst (*SpiritScan*) einen Schätzwert von etwas über 9 Millionen Kisten an, was einen Rückgang von 45 Prozent innerhalb von fünf Jahren bedeutet. Gleichwohl ist Moskovskaya die drittgrößte Wodkamarke und die zehntgrößte Spirituosenmarke.

Moskovskaya Osobaya bedeutet »Moskau Spezial«, und mitunter wird er auch »Goldmedaillen-Wodka« genannt, da sein Etikett stolz zahlreiche Medaillen präsentiert. Für Viljam Pochlebkin ist dies der einzige wirklich russische Wodka, da er »alle Kennzeichen eines wahren Wodka« aufweise: Roggenmalz und -getreide als Grundstoff, »weiches Wasser aus den Flüssen um Moskau«, einen Alkoholgehalt von 40 %vol und keine geschmacksverändernden Komponenten, wie etwa Zucker.

Das Problem ist allerdings, wie bei allen anderen Marken von Sojusplodoimport, daß der Wodka auch von anderen Brennereien dieses

BEWERTUNG

Moskovskaya Osobaya
★

Moskovskaya Cristall
★★

Moskovskaya Limon
★★

Konsortiums stammen kann. Sie unterliegen zwar gemeinsamen Herstellungsrichtlinien, aber es dürfte zum Beispiel kaum überall dasselbe Wasser benutzt werden.

Hinsichtlich des Produktionsverfahrens ähnelt der Moskovskaya sehr dem Stolichnaya. Roggenmalz und -getreide machen ihn leicht süß, das Wasser wurde entmineralisiert (und somit enthärtet), und man unterzieht ihn einer dreimaligen Filtration durch Holzkohle und Quarz. Beim Moskovskaya Limon setzt man der Grundsubstanz natürliche Zitronenessenz zu.

Der Limon und die Edelmarke Cristall werden bei Cristall in Moskau hergestellt, Rußlands größter Brennerei, die bereits seit 1901 in Betrieb ist.

GESCHMACKSNOTEN

MOSKOVSKAYA OSOBAYA

Einige Unreinheiten im Aroma verleihen dem Wodka ein leicht muffiges, unangenehmes Bukett. Anfänglich am Gaumen mild und recht süß, später jedoch ein aggressives Brennen durch den Alkohol. Sehr kurz im Abgang, kaum anhaltender Geschmack, viel Feuer.

MOSKOVSKAYA CRISTALL

Absolut neutral in der Nase, mit Spuren von Süße. Süßes, recht intensives Roggenaroma am Gaumen, leicht ölig mit guter anfänglicher Milde. Etwas kurz und leicht bitter im Abgang. Leichtes Brennen vom Alkohol, das beim Abgang stärker wird.

MOSKOVSKAYA LIMON

Geradliniges, sehr angenehmes, recht intensives und doch feines Bukett von Zitronen. Sehr mild, angenehm zitronig, aber nicht zu aufdringlich mit etwas Nadelspitzen. Schöner, ziemlich duftiger Abgang, aber etwas kurz.

Okhotnichya

GRUNDDATEN

Inhaber V/O Sojusplodoimport

Brennereien verschiedene

Produktion nicht bekannt

Alkoholgehalt 45 %vol

In Osteuropa stärken sich Jäger seit Jahrhunderten mit Wodka, und der Okhotnichya oder »Jägerwodka« steht in dieser Tradition. Die Marke entstand erst unmittelbar nach dem Zweiten Weltkrieg, das Rezept dürfte allerdings wesentlich älter sein.

BEWERTUNG

Okhotnichya
★★★★

Auf den Basisalkohol läßt man verschiedene ungewöhnliche Aromastoffe wirken – Ingwer, Fingerkraut, Geißfußwurzeln, Nelken, rote und schwarze Pfefferschoten, Wacholderbeeren, Kaffee, Anissamen, Orangeat und Zitronat. Dann wird er nochmals destilliert und mit reinem Alkohol vermischt. Abschließend versetzt man ihn mit etwas Zucker und einer Art weißen Portweins, der immerhin 20 Prozent des fertigen Getränkes ausmacht.

GESCHMACKSNOTEN

OKHOTNICHYA

Von dunklem Gold in der Farbe und sehr komplex in der Nase. Zunächst dominiert der Anisduft, schwenkt man den Wodka ein wenig im Glas, entfalten sich jedoch auch Noten von Ingwer und Pfeffer. Leicht ölig und sehr mild am Gaumen. Trockenheit und Süße sind angenehm ausgewogen. Der hohe Alkoholgehalt verleiht ihm einen Hauch von Feuer, macht ihn »warm«. Er hat auf dem internationalen Markt nicht seinesgleichen und ist meiner Ansicht nach der beste aromatisierte Wodka der Welt.

Pertsovka

GRUNDDATEN

Inhaber V/O Sojusplodoimport

Brennereien verschiedene

Produktion nicht bekannt

Alkoholgehalt 35 und 40 %vol

Das Aromatisieren von Wodka mit Pfeffer kennt man sowohl in Rußland als auch in Polen seit Jahrhunderten, auch der noble Wodkafreund Peter der Große pflegte stets etwas Pfeffer ins Glas zu streuen.

BEWERTUNG

Pertsovka
★★

Dieses Gewürz unterstützt die Gerinnung und das Absetzen von Fremdstoffen am Boden des Glases. Pertsovka zählt in Rußland heute zu den beliebtesten Marken.

In dem nach traditionellen russischen Verfahren hergestellten hochwertigen Getreidebrand läßt man schwarze und rote Pfefferschoten und Kubebenpfeffer ziehen und verdünnt ihn auf 35 %vol oder 40 %vol.

GESCHMACKSNOTEN

PERTSOVKA

Die schönste Farbe, die ich bei einem Wodka je gesehen habe: strahlendes, tiefes Goldbraun mit Schattierungen von Rot. In der Nase Spuren von Anis und Vanille, doch der würzige Pfeffergeruch dominiert. Anfangs überraschend süß, dann aber scharf und feurig, und der Pfeffergeschmack haftet an Zahnfleisch und Zunge. Äußerst beständig im Geschmack. Ich habe versucht, die Schärfe durch Kühlen zu mildern, jedoch mit geringem Erfolg. Diesen Wodka lehnt man entweder ab – oder man ist von ihm begeistert!

Sibirskaya

GRUNDDATEN

Inhaber V/O Sojusplodoimport

Brennereien verschiedene

Produktion 3,2 Millionen Kisten

Alkoholgehalt 37,5, 42 und 45 %vol

Obwohl er heute von allen zehn an Sojusplodo-import beteiligten Brennereien hergestellt werden darf, ist Sibirskaya nach wie vor der klassische sibirische Wodka, nach traditionellen Verfahren destilliert und ein führendes Produkt auf dem einheimischen Markt. Mit 3,2 Millionen Kisten steht er an vierter Stelle im Verkauf.

BEWERTUNG

Sibirskaya
★★★★

Im extremen Klima Sibiriens gedeiht nur gesundes und robustes Getreide, das diesem Wodka seinen duftig-süßlichen Charakter verleiht. Zum Verdünnen nimmt man das sehr reine Wasser aus den Flüssen der Umgebung und entmineralisiert es obendrein, um den Branntwein milder zu machen. Den letzten Schliff erhält er durch die Filtration über Holzkohle aus den Birken der riesigen Taiga.

GESCHMACKSNOTEN

SIBIRSKAYA

Feines, sehr zartes Aroma, dezente Süße. Groß und duftig im Geschmack, ziemlich süß und fast sahnig-mild, bis der Alkohol sich durchsetzt und für Schärfe sorgt. Schön langer Abgang, mit etwas Feuer, aber auch anhaltender, angenehmer Süße. Ein ausgezeichneter Wodka, den man pur und leicht gekühlt trinken sollte, um die Schärfe des Alkohols zu reduzieren.

Smirnoff Black

GRUNDDATEN

Inhaber Pierre Smirnoff Company

Brennerei Cristall, Moskau

Produktion nicht bekannt

Alkoholgehalt 40 %vol

Als Smirnoff Black Mitte der neunziger Jahre auf den Markt kam, war dies nach Auffassung des Konzerns International Distillers & Vintners, Eigentümer der Pierre Smirnoff Company, ein historischer Augenblick: die Heimkehr einer der größten Spirituosenmarken der Welt in das Land ihrer Väter. Smirnoff Black kommt aus Moskau, wo auch Wladimir Smirnow bis zur Oktoberrevolution seinen Wodka hergestellt hatte, und man bedient sich wieder der seinerzeit üblichen Destillationsmethoden.

Pikanterweise geriet hiermit ein Grundelement der bisherigen Smirnoff-Werbung ins Zwielicht: Der seit Jahrzehnten im Westen gebrannte Wodka wurde vorgeblich nach dem alten Originalrezept produziert – nun gab es mit

Die Destillerie Smirnow in der Pjatnitskaja-Straße 2 in Moskau. Der ganze Stolz der Firma wurde nach der Oktoberrevolution in eine Werkstätte umgewandelt.

einem Mal den Smirnoff Black, der ganz anders schmeckte und denselben Anspruch erhob. Nach Aussage der Firma ähnelt er weit mehr demjenigen, den Smirnow damals im zaristischen Rußland brannte.

BEWERTUNG

Smirnoff Black

★★★

Smirnoff Black wird in der berühmten Brennerei Cristall hergestellt, unter strenger Aufsicht der Firma Smirnoff. Er wird ganz aus Getreide gewonnen, und anstelle der modernen Destilliersäulen benutzt man hier die althergebrachten kupfernen Destillierblasen, die es erleichtern, Fremdstoffe auszuscheiden und zugleich das natürliche Getreidearoma zu erhalten. Der Branntwein wird abschließend über Birkenholzkohle gefiltert und mit entmineralisiertem Wasser verdünnt.

Dieser Wodka unterscheidet sich stark von seinen westlichen Geschwistern Red Label und Blue Label und ist von unverwechselbarem Charakter und Aroma. Das spricht in der Tat dafür, daß er dem alten »Smirnow-Wodka« nähersteht als den leichteren Sorten, die die Firma im Westen herstellt.

Trinken Sie ihn pur und gut gekühlt.

GESCHMACKSNOTEN

SMIRNOFF BLACK

Sehr leichtes, aber deutlich wahrnehmbares Getreidearoma, nicht so neutral wie die etablierteren russischen Marken, jedoch unverfälscht mit nur geringen Spuren von Azeton. Sehr mild und ein bißchen ölig, lieblich und rund mit viel Getreidegeschmack. Schön langer, geschmacksintensiver Abgang. Ein leichtes Gefühl von Nadelspitzen, das aber keineswegs unangenehm ist. Ein sehr guter Wodka russischer Art, mit leichtem westlichen Einschlag.

Der Smirnow-Wodka wurde 1818 in Moskau geboren. Im Jahr 1993, 76 Jahre nach der Oktoberrevolution, wurde die alte Brennerei in Moskau wiedereröffnet. Zu diesem Anlaß brachte man den Smirnoff Black auf den Markt, einen russischen Wodka par excellence.

Stolichnaya

GRUNDDATEN

Inhaber V/O Sojusplodoimport

Brennereien verschiedene

Produktion 15 Millionen Kisten

Alkoholgehalt alle 40 %vol

Ungeachtet einiger Umsatzschwankungen in den vergangenen Jahren ist Stolichnaya – oder »Stoli«, wie man ihn in Fachkreisen gewöhnlich nennt – mit einem Jahresausstoß von rund 15 Millionen Kisten nach wie vor der meistkonsumierte Wodka der Welt. Der größte Teil der Produktion wird auf dem einheimischen Markt umgesetzt, die Marke ist heute jedoch auch im Ausland recht gut im Geschäft.

Der Name Stolichnaya bedeutet »aus der Hauptstadt«, und auf dem recht unattraktiven

Werbung für Stolichnaya, die meistverkaufte Wodkamarke der Welt.

Etikett ist das Hotel Moskowa zu sehen, eines der Wahrzeichen von Moskau. Wie die Majorität der russischen Exportwodkas wird Stolichnaya allerdings in allen zehn Brennereien von Sojusplodoimport erzeugt, bis auf die Nobelmarke Cristall und den Stolichnaya Limon, die wie ihre Pendants von Moskovskaya stets aus der Moskauer Cristall-Brennerei kommen.

Getreide (vornehmlich Weizen, mit kleinen Mengen Roggen vermischt) verwendet man fast ausschließlich für den Teil der Produktion, der in den Export gelangt, der Löwenanteil wird aus Kartoffeln gebrannt. Verdünnt wird mit »lebendem« Wasser, wie die Russen sagen, also natürlichem Wasser aus Flüssen oder Seen. Es wird von allen Mineralien befreit, aber niemals destilliert, um seine natürliche Qualität nicht zu verderben. Zur Milderung wird der Brand mit etwas Zucker versetzt und dreimal über Quarz und Aktivkohle aus Birken-

Werbung für Stolichnaya Limon, der in der berühmten Destillerie Cristall in Moskau erzeugt wird.

holz gefiltert. Für den Limon wird der Alkohol mit natürlichen Zitronen-essenzen aromatisiert.

Die Marke Stolichnaya existiert seit den fünfziger Jahren, etwa zehn Jahre später begann man, sie zu exportieren. Der Luxuswodka Stolichnaya Cristall ist ein Kind der frühen Neunziger.

GESCHMACKSNOTEN

STOLICHNAYA

Das Bukett ist so neutral, daß es kaum spürbar ist, abgesehen von minimalen Getreide-aromen. Am Gaumen entfaltet sich der Zucker, der den Wodka reich macht, aber einen leicht bitteren Geschmack im Hintergrund nicht überdecken kann. Angenehm und mild, trotz eines leichten Brennens vom Alkohol, wenn man den Wodka um die Zunge rollen läßt. Recht üppiger Abgang, bei dem aber das Gefühl von Nadelspitzen länger anhält als der Geschmack.

STOLICHNAYA CRISTALL

Stechender als die einfache Marke, aber mit konzentrierterem Alkohol- und Getreide-bukett. Kompakter und öliger in der Konsistenz, recht mild und rund, obwohl sich auch hier etwas Brennen vom Alkohol entwickelt; süßlich und etwas karamelisiert. Leicht im Abgang. Ein sehr schöner Wodka, fein und weniger feurig als der einfache.

STOLICHNAYA LIMON

Leichtes Bukett mit dezentem Zitronenaroma. Nicht sehr angenehm am Gaumen, mit leichtem Zitronengeschmack, der die säuerliche Note aber nicht zu überdecken vermag. Leicht bitter im Abgang mit Brennen vom Alkohol.

Ultraa

Grunddaten

Inhaber Dethleffsen/Livis (Joint-Venture)
Brennerei Livis, St. Petersburg
Produktion nicht bekannt
Alkoholgehalt 37,5 und 40 %vol

Die Werbung präsentiert ihn als russischen Wodka der »Welt von heute«, und er ist sicherlich leichter und reiner als manch andere einheimische Marke. Das zeitgemäße Design der Flasche hebt sich wohltuend von der klischeehaft-»altrussischen« Aufmachung ab, die man noch so häufig bei westlichen Herstellern antrifft.

Die Marke wird seit 1995 im Joint-Venture mit dem deutschen Branntweinhersteller Dethleffsen (Rasputin) bei Livis in Petersburg hergestellt. Livis, der zweitgrößte Destillierbetrieb Rußlands und zugleich einer der modernsten, produziert jährlich 100 Millionen Flaschen Wodka unter verschiedenen Namen.

Der Ultraa tritt zwar in bewußt modernem Gewand auf, geht aber angeblich auf eine Rezeptur aus der Zeit zurück, als Livis noch Hoflieferant der Zaren war. Er wird ganz aus Getreide gewonnen, und das Wasser entstammt dem nördlich von St. Petersburg gelegenen Ladogasee. Es hatte in bezug auf Sauberkeit immer einen guten Ruf, und sein natürlicher hoher Sauerstoffgehalt sorgt für einen klaren und gleichsam strahlenden Wodka. Sicherheitshalber wird das Wasser vor der Verarbeitung über Quarzsand und

Bewertung
Ultraa Vodka
★★

Halbedelsteine gefiltert, der verdünnte Wodka später nochmals in Filtersäulen mit Aktivkohle.

Nach Aussage der Hersteller hat das Ontario Liquor Control Board, der weltgrößte Einzelabnehmer, diesem Wodka Bestnoten erteilt. So weit würde ich nicht gehen, aber es handelt sich jedenfalls um einen sehr guten Tropfen, ein Mittelding zwischen den russischen Traditionswodkas und den moderneren im westlichen Stil.

Die Brennerei Livis kann nach vorheriger Terminvereinbarung besichtigt werden.

GESCHMACKSNOTEN

ULTRAA VODKA

Die vierzigprozentige Version ist ganz leicht im Aroma, sehr fein und angenehm mit einer gewissen Süße. Von ganz leicht öliger Konsistenz, sehr mild mit minimalen Nadelspitzen.
Süß, knapp an der Grenze zum Übermaß.
Ein guter Wodka, der jedoch für meinen Geschmack nur etwas zu süß ist. Servieren Sie ihn gekühlt und pur. Er ist leicht und unverfälscht und eignet sich deshalb prinzipiell auch gut zum Mixen, sogar für einen anspruchsvollen Wodka Martini.

WODKA-COCKTAILS

Wodka, den man sehr gut pur genießen kann, eignet sich auch hervorragend zum Mixen. Die Abbildung zeigt eine kleine Auswahl an Cocktails.

WODKA MARTINI

♦ Klarer, vorzugsweise westlicher Wodka
♦ Trockener Wermut
♦ Eine Olive oder ein wenig Zitronenschale

Wodka Martini ist eine Variante des Klassikers Dry Martini (mit Gin) und wurde sozusagen unsterblich als Lieblingsdrink des Agenten James Bond: »Einen Wodka Martini. Sehr trocken. Geschüttelt, nicht gerührt.« Sorgfältig zubereitet, ist er geradezu eine Quintessenz weltläufiger Eleganz. Mögen Sie ihn »very dry«, geben Sie einfach weniger Wermut hinzu.

Die leichte Süße östlicher Wodkas paßt nicht so recht zum Wermutgeschmack, verwenden Sie deshalb besser einen trockenen aus dem Westen, wie Tanqueray Sterling, Finlandia oder Absolut. Wenn Sie nicht bereits nach zwei Cocktails unter dem Tisch liegen wollen, sollten Sie zu einer Sorte greifen, die nicht mehr als 40 %vol Alkohol hat. Geht es Ihnen in erster Linie um einen trockenen Drink, können Sie auch fünfzigprozentigen nehmen. Denken Sie aber daran, daß der hohe Alkoholgehalt leicht »Nadelspitzen« verursacht, ein Gefühl kleiner Stiche im Mund.

Unentbehrlich zum Wodka-Mixen ist eine Gefriertruhe oder ein geräumiges Gefrierfach, in dem mehrere Gläser, ein Cocktail Shaker und zwei Flaschen Platz haben. Benutzen Sie möglichst die klassischen kegelförmigen Cocktailgläser oder andere mit langem Stiel, damit die Körperwärme der Hand nicht auf das Getränk einwirkt.

Verwenden Sie für diesen Cocktail kein Eis, es verdünnt den Alkohol zu stark. Stellen Sie das Glas mindestens zehn Minuten lang ins Gefrierfach. Es sollte mit Reif überzogen sein, wenn Sie es herausnehmen. Kühlen Sie den Wodka fast bis zum Gefrierpunkt, ebenso den Wermut – Kenner bevorzugen den faßgelagerten Noilly Prat aus Frankreich. Aber auch jede andere hochwertige trockene Marke ist brauchbar. Das Verhältnis von Wodka und Wermut hängt davon ab, wie trocken Sie den Cocktail wünschen. Very dry? Dann gießen Sie mit ruhiger Hand nur einen kleinen Schuß Wermut in den Wodka. Das gängigste Mischungsverhältnis ist wohl ein Teil Wermut auf vier Teile Wodka, halb und halb dürfte dagegen vielen schon zu süß sein.

James-Bond-Fans greifen hier natürlich zum Cocktail Shaker. So kommt Schwung in die Sache, und durch das Schütteln entfalten sich die Aromen. Vergessen Sie nicht, auch den Shaker gut zu kühlen.

Geben Sie als erstes eine entsteinte und gut abgespülte Olive ins Glas, alternativ eine dünne, circa 5 cm lange Locke einer Zitronenschale, und gießen Sie dann die anderen Zutaten darauf.

Eine Variante dieses Cocktails ist der **Et tu Brute**: Man gibt gleiche Mengen Crème de Cassis und Wermut hinzu. Der **Churchill** wiederum besteht aus 15 Teilen Wodka und einem Teil Wermut.

BITTER BISON

- ◆ Zubrowka (Wodka mit Bisongras)
- ◆ Süßer Wermut
- ◆ Zitronensaft
- ◆ Eis

Wer den polnischen Bisongras-Wodka liebt, wird diesen Cocktail als interessante Abwechslung zum »puren Genuß« empfinden.

Geben Sie zwei oder drei Eiswürfel in ein hohes Wasserglas. Gießen Sie drei Teile Zubrowka und einen Teil süßen Wermut darauf. Geben Sie einen Schuß Zitronensaft dazu. Mit Zitrone dekorieren.

BLACK RUSSIAN

- ◆ Klarer Wodka
- ◆ guter Kaffeelikör
- ◆ Eis

Der Name legt nahe, für diesen Cocktail russischen Wodka zu nehmen. Dabei sollte man aber bedenken, daß der Kaffeelikör dominiert und den feineren Wodkageschmack überdeckt.

Geben Sie zwei oder drei Eiswürfel in ein Wasserglas. Gießen Sie zwei Teile Wodka und einen Teil Kaffeelikör darauf. Es sollte ein guter Likör sein, etwa Tia Maria oder Kahlua.

Eine Variante dieses Klassikers ist der **Red Russian**, für den man statt des klaren Wodkas einen Preiselbeerwodka, etwa von Finlandia, verwendet.

BLOODY MARY

♦ Klarer Wodka
♦ Tomatensaft
♦ Worcestershire Sauce
♦ Tabasco Sauce
♦ Zitronensaft
♦ Selleriesalz, kleine Selleriestange
♦ Eis

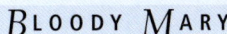

Ein klassisches »Katerfrühstück«. Gut zubereitet ist Bloody Mary aber auch grundsätzlich ein wunderbarer Vormittags-Cocktail.

Geben Sie etwas Eis in ein hohes Wasserglas, darauf reichlich Wodka. Füllen Sie mit Tomatensaft auf, und geben Sie jeweils einen Schuß Worcestershire Sauce und Tabasco Sauce hinzu sowie etwas Zitronensaft. Nun kommt das Selleriesalz und/oder eine dünne Selleriestange dazu. Gut umrühren. Oder alles im Shaker schütteln, ins Glas füllen und mit Selleriestange garnieren.

BULL SHOT

- ◆ Klarer Wodka
- ◆ Consommé oder Rindsbouillon
- ◆ Worcestershire Sauce
- ◆ Zitronensaft
- ◆ Selleriesalz
- ◆ Cayennepfeffer
- ◆ Tabasco Sauce

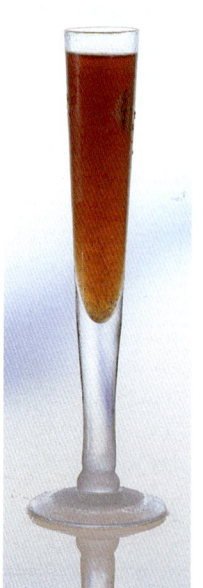

Verwenden Sie für diesen Cocktail keinesfalls Brühwürfel oder Tütensuppen. Die Qualität hängt in erster Linie von der Güte der Consommé bzw. Bouillon ab. Nehmen Sie nur Zutaten vom Feinsten – es zahlt sich aus.

Geben Sie zuerst einen Teil Wodka und zwei Teile Bouillon in den Cocktail Shaker, dann jeweils einen Schuß der Saucen und des Zitronensaftes und ein wenig Salz und Pfeffer. Gut schütteln und vorsichtig in ein hohes Glas füllen.

CAIPIROSCHKA

- ◆ Klarer, vorzugsweise westlicher Wodka
- ◆ Eine Limone, geviertelt
- ◆ Weißer Zucker
- ◆ Eis

Caipiroschka ist eine Variante des brasilianischen Caipirinha, der mit dem Zuckerrohrschnaps Cachaca zubereitet wird.

Kühlen Sie ein weites Wasserglas mit schwerem Boden im Gefrierfach. Geben Sie einen gehäuften Eßlöffel Zucker hinein – sind Sie ein Süßschnabel, auch mehr. Dann geben Sie die Limonen dazu und zerdrücken sie mit einem Stößel, so daß der Saft austritt und das Fruchtfleisch sich löst. Zwei oder drei zerstoßene Eiswürfel darübergeben und mit Wodka aufgießen. Gut mixen.

HARVEY WALLBANGER

- ♦ Klarer Wodka
- ♦ Orangensaft
- ♦ Galliano
- ♦ Eis

Die erfrischende Kombination von Wodka und gekühltem Orangensaft kennen Sie sicherlich als Screwdriver. Der Wallbanger ist eine interessante und raffiniertere Variante. Mischen Sie einen Teil Wodka mit zwei Teilen frischen Orangensaftes, und geben Sie alles mit viel Eis in ein hohes Wasserglas. Noch zwei Teelöffel Galliano darauf und – wer's mag – mit Strohhalm servieren.

LEAPER

- ♦ Klarer Wodka
- ♦ Cointreau
- ♦ Orangensaft
- ♦ Maraschino-Likör
- ♦ Eine blaue Traube

Dieser Cocktail ist nicht sehr bekannt, sieht aber wunderbar aus und schmeckt auch so. Die Zutaten sollten sehr gut gekühlt sein!

Mischen Sie einen Teil Wodka mit zwei Teilen Cointreau, und fügen Sie den Saft zweier Orangen hinzu. Dann geben Sie ein paar Schuß Maraschino hinein, schütteln das Ganze gut im Shaker und geben es in ein klassisches Cocktailglas. Dekorationsvorschlag: Spießen Sie die Traube auf einen Cocktailpicker oder Zahnstocher, und plazieren Sie sie am Rand des Glases.

MOSCOW MULE

- ♦ Klarer Wodka
- ♦ Ginger Ale
- ♦ Zitronensaft oder Lime Juice
- ♦ Ein Zweig Minze
- ♦ Eis

Dieser Cocktail begründete in den fünfziger Jahren den Siegeszug des Wodka in den USA, und er ist noch immer ein Klassiker. Damals wie heute nimmt man hierzu am besten einen Smirnoff. Der Cocktail wurde ursprünglich in Kupferbechern serviert, Sie können aber ebensogut ein hohes Wasserglas nehmen.

Geben Sie reichlich Eis und eine nicht zu knappe Menge Wodka hinein. Füllen Sie ihn mit Ginger Ale und einem großzügigen Schuß Zitronensaft oder Lime Juice auf. Nun noch ein Zweig Minze als Farbtupfer – und fertig ist John G. Martins Spezialdrink!

ROSE DE VARSOVIE

♦ Klarer polnischer Wodka
♦ Cherry Brandy oder
  Wísniówka
♦ Cointreau
♦ Angostura Bitter
♦ Eine Cocktailkirsche

Etwas für die Anhänger (aromatisierten) polnischen Wodkas, vielleicht ein wenig süß, aber schön bunt. Benutzen Sie hierfür ein klassisches Cocktailglas, und kühlen Sie Wodka, Cherry Brandy und Cointreau nur leicht.

Schwenken Sie das Glas mit Angostura aus, und gießen Sie die überschüssige Menge fort. Geben Sie drei Teile (polnischen!) Wodka hinein und jeweils zwei Teile Cherry Brandy (oder Wísniówka) und einen Teil Cointreau. Lassen Sie die Cocktailkirsche auf den Boden des Glases sinken.

SEA BREEZE

♦ Klarer Wodka
♦ Grapefruitsaft
♦ Preiselbeersaft

Das ist einer der zur Zeit beliebtesten Cocktails: je zwei Finger hoch Wodka und Preiselbeersaft, »verdoppelt« mit Grapefruitsaft. In einem hohen, geraden Glas servieren. Abgerundet mit einem kleinen Spritzer Zitrone, ergibt dies einen phantastischen Erfrischungsdrink (nicht nur) an heißen Sommertagen.

WODKA ZUM ESSEN

Flußkrebse mit Roggenbrot und Dill ißt man in Skandinavien zum Wodka.

Die Wodkaflasche auf dem Eßtisch – das ist in Polen, Skandinavien und den Ländern der ehemaligen Sowjetunion eine ganz alltägliche Angelegenheit, vor allem in Polen und Rußland, wo das »Wässerchen« den Status eines Nationalgetränkes genießt.

Das liegt keineswegs daran, wie manche Spötter behaupten, daß Wein, der weithin als ideales Getränk zu Essen gilt, in diesen Ländern zu teuer ist, Wodka dagegen preiswert und für den Großteil der Bevölkerung leichter verfügbar. Ganz so einfach ist es nicht. Man muß sich in Erinnerung rufen, daß das historische Kerngebiet des Wodka – Polen, das zaristische Rußland und Finnland – früher vom westlichen Europa weitgehend isoliert war und daher an der Weinkultur Italiens, Frankreichs oder Deutschlands kaum partizipierte. Die regionale Küche dieser Länder entwickelte sich zur selben Zeit wie die Wodkaindustrie, also ist es durchaus legitim, hier einen Zusammenhang zu sehen. Die traditionellen russischen *Zakuski* (Häppchen) entstanden im 18. Jahrhundert, als der Wodka dort erstmals ein beachtliches Qualitätsniveau erreichte. Die russischen Aristokraten hätten sich Wein ohne weiteres leisten können, bevorzugten indes Wodka, weil er ihrer Meinung nach eher mit den einheimischen Speisen harmonierte.

Heute wird Wodka in Nord- und Osteuropa gerne zu Fischgerichten

serviert, begleitet aber auch häufig andere Speisen, vor allem in Rußland und Polen, wo er mehr oder weniger fester Bestandteil der Mahlzeiten ist. Und zu herzhaften, würzigen Gerichten paßt er wirklich ausgezeichnet.

FLUSSKREBSE

In Finnland und Schweden gehören Flußkrebse zu den traditionellen
Gerichten. Sie kommen bevorzugt im Hochsommer auf den Tisch, wenn
man in den langen, warmen (und hellen!) Nächten Gartenfeste feiert.
Gewöhnlich werden sie einfach gekocht, zuweilen mit etwas Dill, und
dann mit reichlich Roggenbrot serviert, in Schweden auch mit Käse.
Dazu trinkt man seit jeher Bier und Mineralwasser – und eisgekühlten
Wodka. Eine ungewöhnliche Kombination, doch der einfache, herbe
Branntwein verträgt sich erstaunlich gut mit dem süßlichen Fleisch der
Krustentiere.

KAVIAR UND ANDERER FISCHROGEN

Nahezu obligatorisch ist Wodka allerdings in diesen Breiten als
Begleitgetränk zu salzigen Fischspeisen. In Rußland genießt man Wodka
und Kaviar schon seit Generationen, und dieses Duett ist für das Land
ebenso typisch wie Zobelpelze, Babuschka-Puppen oder das Bolschoi-
Ballett. Während Kaviar im Westen nach wie vor zu den kulinarischen
Luxusartikeln zählt, war er in Rußland immer verhältnismäßig preiswert, auch in der Ära des Kommunismus.

Die Russen trinken Wodka gerne zu Kaviar oder anderem Fischrogen.

Der Wodka sollte sehr kalt sein und der Kaviar auf heißem Toast gereicht werden oder auf *Blinis,* den in ganz Osteuropa verbreiteten Buchweizenpfannkuchen. Mitunter gibt es auch noch feingehackte rohe Zwiebeln und geriebene hartgekochte Eier dazu. Salziger Fisch und trockener Wodka bringen sich gegenseitig vorteilhaft zur Geltung.

Der echte Kaviar (Störrogen) kommt aus Rußland, und in den anderen osteuropäischen Ländern und Skandinavien verwendet man den Rogen anderer Fische, wie Forelle oder Lachs. Auch diesen streicht man oft auf *Blinis,* zusammen mit Sauerrahm (in Finnland *Smetana* genannt) und gehackten rohen Zwiebeln. Also: Es muß nicht immer Kaviar sein!

RÄUCHER- UND PÖKELFISCH

Auch zu geräucherten oder gepökelten Lachsen und Forellen trinkt man in diesen Ländern gerne ein Gläschen Wodka. In Rußland kommt der Kaviarlieferant Stör auf den Tisch, aber auch Hecht und Weißfische. Am

Auch geräucherter und gepökelter Fisch paßt gut zu russischem Wodka.

beliebtesten hingegen ist ein Meeresbewohner: der Hering, der in großen Mengen in der Ostsee gefangen wird. Er wird ebenfalls geräuchert oder gepökelt verzehrt, in Polen traditionell in Essig eingelegt und mit Öl vermischt. Gehackte Zwiebeln und saure Sahne sind Standardbeilagen, ebenso eine Reihe von Saucen, etwa mit Senf oder Knoblauch.

Fischgerichte dieser Art werden in der Regel als Vorspeise gereicht, als Teil des Hauptganges ißt man sie mit gekochten Kartoffeln.

Ob Zakuski in Rußland oder Zakaski in Polen – Wodka ist stets ein idealer Begleiter.

ZAKUSKI ODER ZAKASKI

Bei besonderen Gelegenheiten trinkt man in Rußland und Polen Wodka auch zu Fleischspeisen, zumindest im Falle traditioneller Nationalgerichte. Die Russen laben sich gerne an (meist mit Buchweizen) gefülltem Spanferkelbraten; *Pelmeni* (gefüllte Teigtaschen), gewürzten Fleischbällchen oder *Soljanka,* einer cremigen, scharf gewürzten Suppe. Die Polen bringen Ente mit Preiselbeeren auf den Tisch, Kohlrouladen mit Kalbfleischfüllung und Sauerrahm, *Bigosch* (Eintopf mit Weißkraut), Fleisch, Geflügel oder Würste – zu denen der Bisongras-Wodka Zubrowka besonders gut paßt. Angesichts dieser kulinarischen Präferenzen versteht es sich eigentlich von selbst, weshalb die Wodkaflasche hier ein willkommener Gast bei Tisch ist. Die Kost ist durchweg deftig und gut

Pökelfleisch in Aspik.

gewürzt und würde feinere Getränke, wie Wein, glatt erschlagen. Klarer, gekühlter Wodka aber ist besitzt einen intensiven Eigengeschmack und macht durch seinen Alkoholgehalt die fetten Speisen leichter verdaulich.

Unvermeidlich aber gehört der Wodkagenuß seit jeher zu den *Zakuski* (in Rußland) bzw. *Zakaski* (in Polen). »In der russischen Küche wird Wodka vorrangig als obligatorischer Begleiter zu *Zakuski* verwendet«, schreibt Viljam Pochlebkin in seiner Geschichte des Wodkas.

Der trockene Geschmack des Wodka paßt hervorragend zum süßlichen Fleisch von Krustentieren

Das sind warme und kalte Häppchen, die man dort bei Festen oder anderen Gesellschaften anbietet. Die Bandbreite ist enorm, ähnlich wie bei den spanischen *Tapas*. Kleine Portionen aller bereits erwähnten Fischgerichte und Fischrogen gehören dazu, aber auch Fleisch und Gemüse. Man kann sie hier unmöglich alle aufführen. Besonders beliebt sind gebratene oder paniert gebackene Pilze, eingelegter Kohl oder Sauerkraut sowie geräucherte Schinken und Würste. Und in Rußland läßt man sich den leicht salzigen Geschmack von Fleischsülze zu einem klaren, kalten Wodka schmecken. Zum Fleisch serviert man auch Rettich und Senf, die den Geschmack von Speisen und Wodka gleichermaßen hervorheben.

ANEKDOTEN UM
DEN WODKA

Wodka ist ein Getränk mit langer Geschichte, und daher vermag es kaum zu überraschen, daß er auch zum Gegenstand zahlreicher Anekdoten wurde. Das Folgende ist nur eine kleine Auswahl.

———◆———

Der russische Wissenschaftler Viljam Pochlebkin hat viel Mühe auf die Beweisführung verwandt, daß Wodka eine russische Erfindung ist (siehe S. 25), und möglicherweise sogar den ersten Destillateur ausfindig gemacht:

Unter den Mitgliedern der russischen Kirchendelegation, die Ende der dreißiger Jahre des 16. Jahrhunderts nach Italien reiste, befand sich auch Isidor, ein griechischer Geistlicher aus Thessalien. Die Reisegesellschaft besuchte unter anderem verschiedene Klöster und wurde dort unter Umständen auch mit der Destillation von aqua vitae bekannt.

Nach der Rückkehr wurde Isidor im Kloster Chudow gefangengesetzt, weil er sich den Zorn Zar Wassilis III. zugezogen hatte. Merkwürdigerweise erlitt er nicht das übliche Schicksal solcher Delinquenten (Verbrennung bei lebendigem Leib) und erfreute sich sogar angenehmer Haftbedingungen. Ein Jahr später konnte er entkommen und das Moskauer Großfürstentum verlassen, ohne daß der Zar ihn hätte verfolgen lassen. Pochlebkin meint hierzu:

»Es ist absolut möglich, daß der scharfsinnige Grieche im Kloster Chudow erfolgreich mit der Destillation von Alkohol experimentierte und so sein Leben rettete. Ferner kann es durchaus sein, daß er in Ermangelung anderen Materials hierzu Getreide verwendete. Sollte Isidor wirklich Branntwein hergestellt haben ..., wäre es ihm auch leichter gefallen, die Wachen einzuschläfern und aus dem Kloster zu fliehen.«

———◆———

Es ist nicht unwesentlich dem Cocktail »Moscow Mule« zu verdanken, daß Wodka in den USA populär wurde. Während des Koreakrieges (1950–1953) führten der Name des Cocktails und die irrige Annahme, daß er mit russischem Branntwein zubereitet werde, zu Protesten amerikanischer Nationalisten. Die Gewerkschaft der Barkellner veranstaltete sogar einen Demonstrationszug auf der Fifth Avenue in New York und distanzierte sich auf Spruchbändern von dem fatalen Mixgetränk: »We can do without the Moscow Mule« (Wir kommen auch ohne Moscow Mule aus). Heublein, der Hersteller von Smirnoff-Wodka, gab überstürzt die Erklärung ab, daß der Wodka keineswegs in Rußland, sondern in

Connecticut gebrannt werde, also im Herzen Neuenglands, einer traditionellen Hochburg des amerikanischen Patriotismus.

»Screwdriver« ist gleichfalls ein bekannter Cocktail aus Wodka und Orangensaft. Angeblich haben ihn amerikanische Ingenieure erfunden, die im Nahen Osten tätig waren – und das Getränk mit ihren Schraubenziehern (engl. = *screwdrivers*) umrührten.

In Schweden wurde Wodka zunächst für medizinische Zwecke hergestellt und mit dem Löffel eingenommen. Ein Dokument des 15. Jahrhunderts schreibt ihm die Fähigkeit zu, über 40 Leiden kurieren zu können, darunter Kopfschmerzen, Kopfläuse, Nierensteine und Zahnschmerzen. Außerdem wurde er als probates Mittel »für unfruchtbare Frauen« gepriesen.

Nach den Aufständen des Jahres 1648 in Moskau und anderen russischen Städten wurde das System der »Zarentavernen« abgeschafft, das den betreffenden Wirten ein Exklusivrecht an Destillation und Verkauf von Wodka garantierte. Ein Grund für die Unruhen soll die schlechte Wodkaqualität gewesen sein: Um Geld zu sparen, hatten die Wirte beim Destillieren gepfuscht. Ursächlich waren außerdem wohl die wachsende Verschuldung der armen Stadtbevölkerung bei den Wirten sowie die katastrophalen Auswirkungen der Trunkenheit auf dem Lande, wo man dem Wodka an Ostern so heftig zugesprochen hatte, daß es in den folgenden Jahren zu einer Getreideknappheit gekommen sei.

Zar Peter I. (»der Große«, 1672–1725) war ein großer Wodkafreund, am liebsten trank er Aniswodka. Auf seinen zahlreichen Auslandsreisen führte er hiervon stets einen Vorrat mit sich. Während eines Besuches in Versailles im Jahre 1717 beklagte er in einem Brief an die Zarin, daß er bereits seine letzte Flasche geleert habe. Er sorgte auch dafür, daß Straßenarbeiter, Soldaten, Matrosen, Schauermänner und Werftarbeiter täglich kostenlos einen Becher Wodka erhielten.

Derselbe Monarch, der auch den Beinamen »fröhlicher Zar« trug, setzte den Wodka rücksichtslos als politisches Instrument ein. Er erfand den »Strafbecher«: Adelige, hohe Militärs oder führende Politiker, die sein Mißfallen erregt hatten, mußten in vollem Ornat und mit der gesamten Dienerschaft bei Hof erscheinen und vor versammelter Gesellschaft einen Becher mit einem Liter Wodka leeren. Die Betroffenen sollten durch ihre öffentliche Trunkenheit der Lächerlichkeit preisgegeben werden, und mitunter ging diese Strafprozedur auch tödlich aus.

Die Qualität des Wodkas, der während der Regierungszeit Katharinas II. (»der Großen«, reg. 1762–1796) in den Adelshäusern gebrannt wurde, war so gut, daß die Zarin ihn anderen Herrschern als Geschenk zukommen ließ, so Gustav III. von Schweden und Friedrich dem Großen. Ein anderer Adressat war der französische Philosoph Voltaire. Als ein Höfling Zweifel an der Vernunft ihrer Handlungsweise äußerte, antwortete ihm Katharina: »Er wird seine Zunge verschlucken – entweder vor Überraschung oder Entzücken oder aber aus Neid auf Rußland.«

---❖---

Die Familie Smirnow begann mit der Wodkaherstellung 1818 in Moskau. Der große Durchbruch kam jedoch erst 1886 in Nižnij-Nowgorod, auf Rußlands größter Handelsmesse. Alexander III. ernannte die Smirnows zu kaiserlichen Hoflieferanten. Die Aufmerksamkeit des Zaren soll angeblich durch eine ausgefallene Idee erregt worden sein, mit der Pjotr Smirnow für sein Produkt warb: Er hielt an seinem Stand einen lebendigen Bären und ließ die Kellner in Bärenkostümen den Wodka servieren.

---❖---

In der zweiten Hälfte des 19. Jahrhunderts entstanden überall in Schweden die Brännvin-Gesellschaften mit dem Exklusivrecht des Wodkaverkaufs und Ausschanks (siehe S. 40). Ihr erklärtes Ziel war es, die arbeitende Bevölkerung zu Nüchternheit und Anstand zu erziehen und bessere Lebensbedingungen für sie zu erreichen. Das erwies sich indes als schwierig. Folgende Beschreibung eines Restaurants der Gesellschaft erschien 1897 in der Zeitung *Göteborgs-Posten*:

»Samstag, 11. Dezember, 18 Uhr … Wir betreten das Lokal. Der Lärm ist betäubend und abscheulich, und ich verspüre das dringende Bedürfnis, auf dem Absatz kehrtzumachen und hinauszulaufen. Ich beherrsche mich aber, und wir setzen uns an einen Tisch, auf plumpe gelbe Stühle ohne Rückenlehne. Einer von uns bahnt sich den Weg durch die Menge alkoholhungriger Männer, die dicht gedrängt die Bar umstehen, und bestellt Kaffee und Branntwein, was wir auch bald bekommen … Mit einem Mal muß ich an die wunderbaren, hehren Absichten derjenigen denken, die aus diesem Restaurant ein gutes, sauberes Speiselokal für die Arbeiter der Umgebung machen wollten. An einem Ort wie diesem ist aber jedenfalls ein ganz ausgezeichneter Appetit vonnöten.«

---❖---

Eine beliebte polnische Redensart lautet: »Wodka in Maßen schadet nicht … auch nicht in großen Mengen.«

In Polen gibt es Tausende von Witzen über den Wodka, und einer der beliebtesten ist der vom dem Alkoholiker, der etwas gegen dieses Problem unternehmen möchte. Als er dem Arzt erzählt, daß er etwa einen halben Liter täglich trinke, rät ihm dieser, die Menge auf zwei bis drei Gläschen zu reduzieren und in zwei Wochen wiederzukommen.

14 Tage später erscheint der Patient erneut in der Praxis, und der Arzt bemerkt sofort, daß er ziemlich betrunken ist. »Haben Sie meinen Rat befolgt und die Wodkamenge auf zwei bis drei Gläschen beschränkt?« fragt der Mediziner. »Ja«, antwortet der Patient. »Aber Sie sind nicht mein einziger Arzt.«

Polaroidkameras, die binnen weniger Minuten fertig entwickelte Photos liefern, spielten insgeheim beim Siegeszug des Wodkas in den USA eine Rolle. John G. Martin, Präsident des Smirnoff-Herstellers Heublein und verantwortlich für die erste Wodka-Welle im Amerika der fünfziger Jahre (siehe Seite 47), pflegte auf seinen Streifzügen durch die Bars eine Polaroid mitzuführen. Er photographierte stets zweimal dasselbe Motiv: den Barkeeper beim Mixen eines »Moscow Mule«. Ein Exemplar schenkte er dem Barman, das andere nahm er mit in die nächste Kneipe, um dessen Kollegen dort zu demonstrieren, was jetzt alle Welt trank – einen damals so gut wie unbekannten Cocktail.

Glossar

Abgang Nachgeschmack und Gefühl im Mund nach dem Schlucken eines Wodkas.

Aktivkohle (Holz-)Kohle oder Kohlenstoff, der erhitzt wurde, um seine Absorptionsfähigkeit und Effizienz bei der Filtration zu steigern.

Analysierer Die erste Säule des Destillationsapparates bei der kontinuierlichen Destillation, in der aus der Maische der Großteil des Alkohols gewonnen wird.

Äthylalkohol Sammelbezeichnung für die reinen, neutralen Alkohole im Trinkbranntwein. Andere (Fuselalkohole oder -öle) haben häufig einen unangenehmen Beigeschmack oder Geruch, z.B. nach Nagellackentferner.

Brennen Durch den Alkohol verursachtes »harsches« Gefühl im Mund (als zögen sich die Schleimhäute zusammen). Häufig bei minderwertigen Wodkas oder Sorten mit hohem Alkoholgehalt.

Fuselöle (auch Fuselalkohole) Dickflüssige, fettige Substanzen, die sich während der Fermentation bilden. Da sie in kleinen Dosen keinen unangenehmen Beigeschmack bewirken, beläßt man häufig ein wenig davon im Destillat, um den fertigen Brand weicher zu machen.

Gerinnungsstoffe Substanzen wie Milch oder Eiweiß, früher häufig zur Reinigung des Wodka verwendet. Sie binden die Schmutzstoffe des Brandes und setzen sich dann an der Oberfläche oder am Boden ab.

Karamelisierung Phänomen, das während der Destillation beim Verbrennen unvergorenen Restzuckers auftritt. Der Wodka erhält hierdurch einen süßlich-penetranten Geschmack nach gebranntem oder sahnigem Karamel. Häufig bei zu schnell durchgeführter Destillation.

Klarheit Fehlen jeglicher süßer Aromastoffe oder Schwere im fertigen Wodka.

Kontinuierliche Destillation Die heute gebräuchlichste Methode zur Wodkaproduktion. Aus der Maische wird in einer Analysier-Säule höherprozentiger Alkohol gewonnen, der anschließend in einer oder mehreren Rektifizier-Säulen weiterverarbeitet wird.

Maische Bierähnliches Gärgut aus Wasser und Getreide oder anderen Rohstoffen, das unter Zusatz von Hefe durch Fermentation entsteht. Sie enthält gewöhnlich 6–8 %vol Alkohol, durch die Destillation gewinnt man daraus Rohalkohol.

Mundgefühl Gewicht und Struktur eines Wodka im Mund.

Nadelspitzen Leichtes Prickeln auf der Zunge, das der im Wodka enthaltene Alkohol verursacht. Nicht unbedingt von Nachteil, darf aber niemals aufdringlich sein.

Nase Eindruck, den Aroma und Duft eines Wodka beim Trinken evozieren.

Polmos Staatlicher Wodkaherstellungsbetrieb in Polen. Zur Zeit gibt es 25 dieser Produktionsstätten, die Rohalkohol von ländlichen Erzeugern beziehen und ihn als Wodka rektifizieren, filtern und abfüllen.

Rektifizierer Zweite Säule des Destillationsapparates bei der kontinuierlichen Destillation, in der der für den Branntwein benötigte Alkohol gewonnen wird.

Stopki Hohes, feines Stielglas, aus dem man in Rußland gewöhnlich den Wodka trinkt.

BILDNACHWEIS

S.9 The Pierre Smirnoff Company, S.17 Primalco International Brands, S.18 Vin & Spirit, S.19 Wine and Spirit Education Trust, S.28 ET Archive, S.37 Rajamäki Museum, S.41 Vin & Spirit Museum, S.42 Vin & Spirit Museum, S.46 The Pierre Smirnoff Company, S.47 The Pierre Smirnoff Company, S.58 f. Life File, S.72 Alko Ltd./Exports, S.102 Alko Ltd./Exports, S.113 The Pierre Smirnoff Company, S.115 The Pierre Smirnoff Company, S.116 The Pierre Smirnoff Company, S.126 Alko Ltd./Exports, S.128 f. Life File, S.134 Department of Portraits, The Royal College of Music, S.145 Alko Ltd./Exports, S.156 Life File, S.165 The Pierre Smirnoff Company.

DANKSAGUNG

Neben den Wodka-Destillateuren, die mir mit Rat und Tat bei der Fertigstellung des Buches zur Seite standen, möchte ich folgenden Personen meinen Dank aussprechen: Sally Green, meiner Lektorin, für ihre Geduld; Adrian Donner von Primalco für seine Hilfe beim Finnland-Kapitel; Erik Juul-Mortensen von Danish Distillers, der mir Informationen zu Dänemark lieferte; Dave Steward von Marblehead Brand Development für seinen Humor und Enthusiasmus; Wanda Moscicka von Agros, deren Wissen über die polnische Wodka-Industrie von unschätzbarem Wert für mich war; Jaroslaw Mazur, ebenfalls von Agros, der mich nach Posen geführt hat; Hugh Williams, Brennmeister von United Distillers, Laindon, der mir die Geheimnisse der Spirituosenherstellung erklärte; Toby Fox, Redakteur von *SpiritScan*, und Chris Losh von *Wine & Spirit International* für ihre Hintergrundinformationen über die verschiedenen Marken; Alun Williams für seine Unterstützung und Kritik während unzähliger und oftmals unvergeßlicher Wodkaproben; und last but not least, meiner Frau France und meiner Tochter Arabella, ohne deren Verständnis ich das Buch nicht hätte schreiben können.

Register